MÉMOIRE

SUR

LES LACS ET LES DÉSERTS DE LA BASSE ÉGYPTE,

ET OBSERVATIONS GÉOLOGIQUES

SUR

LA NATURE ET L'ÉTAT ANCIEN DE CETTE CONTRÉE;

PAR M. GRATIEN LEPÈRE,

INGÉNIEUR EN CHEF AU CORPS ROYAL DES PONTS ET CHAUSSÉES.

Le Delta, qui est un don du fleuve, a été un archipel où les Grecs venoient naviguer. (HÉRODOTE, *Hist.* liv. II, §. 10.)

QUAND on considère la partie maritime de l'Égypte inférieure, on reconnoît que toute l'étendue de ses côtes est occupée par des lacs d'eau salée, et que le sol qui l'environne à l'est et à l'ouest, n'offre que de vastes solitudes, couvertes de sables stériles et mobiles, et dont quelques parties, naturellement basses, fangeuses et imprégnées de sels de diverses espèces, cachent des abîmes inaccessibles. La nature de ces lacs, que les eaux du Nil et celles de la mer, avec laquelle ils communiquent immédiatement, alimentent alternativement, suivant l'état du fleuve, donne à penser que, dans des siècles antérieurs à nos fastes historiques, ces lacs, ainsi que les déserts qui les environnent, ont fait partie du vaste domaine des mers. Cette opinion vraisemblable étoit celle des prêtres d'Héliopolis et de Memphis, et l'on sait que le corps des prêtres possédoit exclusivement en Égypte les sciences physiques et mathématiques, appliquées à la médecine, à l'astronomie et à l'agriculture. C'est d'après ces savans de l'antiquité Égyptienne, qu'Hérodote, dont nous avons tiré l'épigraphe qui fait l'objet de ce mémoire, dit que *le Delta, qui est un don du fleuve, a été un archipel où les Grecs venoient naviguer.* Ce sentiment a été suivi par Aristote, Diodore, Strabon, Sénèque, Pline, Arrien, Plutarque et d'autres écrivains anciens et modernes (1). On doit donc avoir une parfaite connoissance

(1) Hérodote, *Hist.* liv. II, §§. 4, 5, 10, 12 et 15; Aristote, *Météorol.* liv. I, chap. XIV; Diodore, *Biblioth. hist.* liv. I et III; Strabon, *Géograph.* liv. XVII; Sénèque, *Quest. natur.* liv. IV, chap. II; Pline, *Hist. nat.* liv. II, chap. LXXXV; Arrien; Plutarque, *d'Isis et Osiris*, pag. 364.

de ces lieux, avant de regarder et de traiter cette opinion comme une simple tradition populaire.

Hérodote avance que la vallée du Nil a dû être un golfe semblable à celui de la mer Érythrée ou golfe Arabique (1); Strabon dit aussi, en parlant du lac *Mœris*, que toute l'Égypte inférieure, de ce lac jusqu'à la région d'Ammon, et du lac *Sirbonis* jusqu'à la mer Rouge, a été sous les eaux de la mer.

Nous ne chercherons pas en ce moment d'autres autorités parmi les auteurs et les voyageurs modernes; nous aurons occasion d'y revenir dans l'examen que nous allons faire de chacun des lacs de l'Égypte, et nous verrons combien étoit fondée cette opinion chez les anciens. Nous donnerons à ces recherches un degré d'utilité plus réelle, en présentant l'étendue superficielle de ces lacs et celle que, par des travaux de desséchement, l'on pourroit rendre à l'agriculture, à l'exemple des peuples de la Hollande, dont les travaux ont étendu leur pays en reculant les bornes de la mer.

Pour procéder avec ordre à cet examen statistique, nous commencerons par le lac le plus occidental, celui qu'on trouve en arrivant en Égypte par le port d'Alexandrie; nous suivrons ceux qui longent la côte maritime vers l'orient, et nous reviendrons à ceux de l'intérieur, en parcourant l'isthme de Soueys et toute la chaîne Libyque qui limite l'Égypte à l'occident : ainsi nous traiterons successivement, 1.° du lac *Mareotis*, 2.° du Ma'dyeh, 3.° de l'Edkoû, 4.° du Bourlos, 5.° du Menzaleh, 6.° du Sirbonide, 7.° du lac des Deux-Mers, 8.° du *Mœris*, 9.° enfin des lacs de Natroun.

Nous terminerons ces descriptions partielles par des observations générales qui démontreront que cette immense étendue de terrain, qui semble encore avoir été anciennement submergée, reste toujours inférieure en divers points aux eaux de la Méditerranée.

On renvoie, pour l'intelligence de ce Mémoire, à la carte hydrographique de la basse Égypte, annexée au Mémoire sur le canal des Deux-Mers, *vol. I.er, pl. 10*, ainsi qu'aux cartes particulières du grand Atlas Égyptien, faisant partie de l'ouvrage de la Commission générale des sciences et arts en Égypte.

1.° BOHEYREH EL-MARYOUT. *Lac Mareotis.*

Le lac *Mareotis*, dont les eaux avec celles de la mer formoient anciennement, du sol des villes d'Alexandrie au centre, de Nicopolis et de Canope au nord-est, des deux Taposiris et de Plinthine au sud-ouest, une longue et étroite péninsule de plus de dix myriamètres de longueur continue, n'offroit, à l'époque où l'armée Française occupa l'Égypte, de 1798 à 1801, qu'une plaine sablonneuse, dont la partie la plus basse retenoit des eaux de pluie qui y séjournoient une grande partie de l'hiver. Sa surface unie, mais humide et fangeuse pendant tout le reste de l'année, présentoit l'image parfaite des eaux d'un lac tranquille, que la chaîne calcaire et élevée dont cette longue péninsule est bordée, sembloit mettre à l'abri des vents,

(1) Hérodote, *Hist.* liv. II, §. II, traduction de M. Larcher; Paris, 1802.

qui agitent et tourmentent les sables des déserts, comme les eaux des mers. Des monticules nus et isolés qu'on y aperçoit au sud, rappeloient au souvenir quelques-unes des huit îles que les anciens comptoient dans le *Mareotis :* mais cette illusion n'étoit que l'effet du mirage (1); car les eaux de ce lac avoient disparu depuis long-temps par l'effet de l'évaporation, si forte en ces climats; et son bassin, entièrement desséché, n'offroit à l'armée Française qu'une mer de sables aussi difficile à franchir que les vastes et profondes solitudes de la Libye au sud. Tel étoit l'aspect du *Mareotis.*

Strabon, que nous avons déjà cité, et qu'on peut regarder comme une autorité en géographie, et spécialement dans ce qui concerne l'Égypte, dit « que le lac » *Marea*, ou *Mareotis*, qui s'étendoit d'Alexandrie jusqu'à Taposiris [aujourd'hui » la Tour des Arabes], avoit près de trois cents stades [vingt-huit mille cinq cents » toises] en longueur, et plus de cent cinquante stades [quatorze mille deux » cent cinquante toises] de largeur. Il renferme, dit ce géographe, huit îles, et par- » tout ses bords sont couverts de riches habitations. Ce lac recevoit les eaux de » plusieurs canaux, tant des parties supérieures que des parties latérales du fleuve. Il » étoit le centre d'un commerce si considérable, que le port que la ville d'Alexan- » drie avoit sur ce lac au sud, l'emportoit sur les deux qu'elle avoit sur la mer au » nord. Les crues du fleuve en augmentoient considérablement l'étendue (2). »

Pline donne à ce lac, d'après Claudius Cæsar, qui en avoit pris les dimensions (3), trente mille pas de largeur, et cent cinquante mille de contour; ce qui, à sept cent cinquante-six toises au mille, fait vingt-deux mille six cent quatre-vingts toises de largeur, sur cent treize mille quatre cents toises de contour. Cet historien ajoute qu'il étoit formé et alimenté par l'euripe de la branche Canopique.

Les deux canaux les plus considérables que ce lac recevoit, étoient d'abord celui qui, prenant les eaux du fleuve dans le nome Arsinoïte et celles du lac *Mœris* durant le bas Nil, couloit au pied de la montagne occidentale de la vallée d'Égypte, et, passant au pied des Pyramides, se rendoit dans ce lac après avoir vivifié plusieurs nomes, et particulièrement le nome Nitrite et le Maréotite, qui, à l'ouest, touchent aux déserts de la Libye. Le second canal étoit celui de *Schedia*, dérivé de la branche Canopique, mais dont le cours ne nous semble pas avoir suivi exactement celui du canal actuel d'Alexandrie, qui le remplace, au moins dans sa partie inférieure.

Les eaux du *Mareotis* devoient être saumâtres, puisqu'elles communiquoient directement avec la mer par un canal navigable qui, du lac près d'Alexandrie, débouchoit dans le port *Kibotos;* mais elles devoient perdre beaucoup de cette qualité, et devenir même, durant le temps de la crue, potables dans tous les courans des canaux qui se jetoient dans le *Mareotis*, comme cela s'observe aujourd'hui dans les lacs maritimes de l'Égypte.

(1) Le mirage est un phénomène d'optique qui trompe la vue sur terre comme sur mer. On est à portée de l'observer fréquemment sur les plaines unies et incultes comme sur les lagunes desséchées de l'Égypte. *Voir* la description qu'en a donnée le savant Monge, *Décade Égyptienne*, tom. I.er, pag. 37, et dans la Description de l'Égypte, *É. M. tom. I.er, pag. 409.*

(2) Strab. *Géogr.* liv. XVII.

(3) Pline, *Hist. nat.* liv. V, chap. X, tom. II, *in-4.°*, édit. de 1771.

Le lac *Mareotis* étoit, ainsi que nous l'avons déjà dit, entièrement desséché lorsque nous prîmes possession de ce pays. On ne sait à quelle époque en fixer le desséchement; il n'a pu s'opérer que par le comblement des canaux qui y amenoient les eaux du fleuve, par la fermeture de celui qui le faisoit communiquer à la mer dans les ports mêmes d'Alexandrie, et enfin, avec le temps, par l'effet des évaporations. On voit par les relations d'Abou-l-fedâ en 1400, de Belon en 1532, de Villamont en 1590, et de Thévenot en 1663, que ce lac et les anciens canaux qui y affluoient, existoient encore à ces diverses époques (1). Villamont dit particulièrement que la pêche de ce lac, éloigné d'une demi-lieue de la ville d'Alexandrie, étoit alors d'un grand revenu. Son desséchement ne date donc que de la fin du XVII.ᵉ siècle, ou du commencement du XVIII.ᵉ On va voir que son bassin, très-bas et inférieur aux eaux de la Méditerranée, ne s'étoit pas exhaussé, ou du moins qu'il étoit bien éloigné d'avoir eu le temps de se combler par les sables des déserts environnans, comme M. Dolomieu l'a avancé dans son Mémoire sur l'Égypte, dans lequel ce géologue réfute avec raison, selon moi, l'opinion que Fréret soutient dans un de ses Mémoires, contre le sentiment général des auteurs anciens et modernes, sur la nature du Delta (2).

Le bassin desséché du *Mareotis* conservoit une humidité saline que les eaux de pluie entretenoient dans l'hiver. On y trouvoit, dans plusieurs points, de petits chemins pavés que les Arabes avoient faits, et qu'ils entretenoient pour y avoir, comme je l'ai dit dans mon Mémoire sur la province de Bahyreh, un passage facile dans leurs excursions à travers la plaine fangeuse de cet ancien lac. L'armée Française, qui le traversa dans différentes directions, s'y trouva embarrassée dans sa marche par ses convois et ses trains d'artillerie, au mois de ventôse an 9 [mars 1801]. C'est ici le lieu de parler de cette opération militaire, dont on retrouve malheureusement de trop nombreux exemples dans les guerres des nations, même les plus policées, et dont l'exécution, due à l'influence du chef de l'armée Anglaise sur l'armée alliée des Turcs assiégeant l'armée Française, qui étoit réduite alors à l'occupation de la seule ville d'Alexandrie, fut de submerger une province, sans que cette mesure aussi inutile que désastreuse ait hâté de quelques jours la reddition de cette ville maritime de l'Égypte.

Ce fut le 14 germinal an 9 [4 avril 1801] que l'armée Anglo-Turque coupa les digues du canal d'Alexandrie, vers l'extrémité occidentale du lac Ma'dyeh, à une distance de sept mille cinq cents mètres de la porte de Rosette, située à l'est de

(1) Belon, liv. I.ᵉʳ, ch. XVIII, *in-4.º*, p. 92, édit. de 1554. Villamont, *Voyages*, liv. III, ch. XVI. Thévenot, tom. II, ch. II, *in-4.º*, édition de 1674.

(2) M. Dolomieu, tout en combattant avec raison, dans son Mémoire sur *l'exhaussement du sol de l'Égypte* (Journal de physique, *tom. XLII, pag. 41, 108 et 194 de l'année 1793)*, l'opinion de Fréret, membre de l'Académie des belles-lettres, qui, dans un Mémoire ayant pour titre, *de l'Élévation du sol de l'Égypte par les débordemens du Nil*, a rejeté le sentiment général des auteurs anciens et modernes sur la formation du Delta (*Histoire de l'Académie des inscriptions et belles-lettres*, tom. XVI, pag. 333, sous la date du 15 novembre 1742), a lui-même donné dans une erreur contraire, en attribuant à l'envahissement toujours croissant des sables des déserts de la Libye la disparition du lac *Mareotis*. Ces erreurs font voir qu'une profonde érudition ne suffit pas toujours à l'homme qui, sans avoir vu les lieux qu'il décrit, ne considère les grands effets de la nature que du fond de son cabinet. La Commission d'Égypte regrettera toujours avec le monde savant que M. Dolomieu, qui étoit un de ses membres les plus distingués, n'ait pas eu le temps de reproduire, avant sa mort prématurée en 1803, son opinion sur la constitution physique de cette antique contrée.

l'ancienne enceinte de cette ville. Les eaux de ce lac, aussi salées que celles de la mer, qui y communique par le ma'dyeh, versèrent successivement par trois à quatre ouvertures, jusqu'à la fin du mois de prairial [15 juin 1801], et mirent soixante-six jours à remplir entièrement l'ancien bassin du *Mareotis*.

C'est ainsi que ce lac, et une partie de la province de Maryout, où le fleuve venoit encore porter annuellement une foible partie de ses eaux bienfaisantes, se trouvent envahis par des eaux salées, dont la nature, impropre à nos besoins, ne permet aucune espèce de culture. La submersion de ce lac s'étend des environs d'Alexandrie, dans le sud-est, jusqu'à el-Rachat et el-Gaouasy, villages qui, avec el-Kasy (1) et vingt autres aujourd'hui ensevelis sous les eaux, recevoient encore avant ce désastre une partie des eaux d'irrigation que leur versoit anciennement le canal dont nous avons parlé plus haut; j'ai eu occasion de dire, dans mon Mémoire sur la province de Bahyreh, que l'inondation s'étend encore au sud-ouest d'Alexandrie jusqu'au-delà de Koum-Abousyr, situé à trente-sept mille mètres environ de cette ville. On doit être assuré que ce lac s'étendroit encore de quelques lieues au-delà de ses limites actuelles, et sur-tout au-delà de la Tour des Arabes, où la vallée de Maryout, barrée en ce point par diverses petites digues, se prolonge encore fort au loin dans le sud-ouest, si l'on recreusoit le canal d'el-A'sarah et quelques autres dont on retrouve des vestiges dans cette province.

Quant à la profondeur des eaux de ce lac, sur lequel j'ai navigué lors de sa submersion en mai 1801, j'ai dit qu'elle devoit être de cinq à six mètres dans la ligne de l'embarcadère au cap de l'Ouâdy Maryout, situé dans le sud-est du Marabou; qu'elle étoit au moins de trois cent trente centimètres à la hauteur de la première île du lac, au sud-est de ce même cap, et qu'elle doit être de cent soixante centimètres dans la ligne d'Abou-el-Kheyr, aux ruines de *Marea*. Cette submersion donnoit encore cent trente centimètres d'eau de mer, dans toute la partie du khalyg comprise entre l'enceinte et le quatrième pont à l'est d'Alexandrie. Pour donner à ces indications toute la confiance qu'elles comportent d'après mes propres observations, j'ajouterai que parmi les bâtimens de la flottille Anglo-Turque qui parut sur ce lac les 25 et 29 thermidor an 9 [13 et 17 août 1801], au nombre de deux cents voiles environ, portant quatre à cinq mille hommes de troupes (2), on comptoit

(1) El-Kasy, village situé à vingt-six mille mètres au sud-est de la ville d'Alexandrie, recevoit, avant l'époque de la submersion du *Mareotis*, des eaux que verse encore dans cette partie de la province de Bahyreh le canal el-A'sarah, dont le cours remplace aujourd'hui cet ancien canal qui, prenant les eaux dans le nome Arsinoïte et le lac *Mœris*, alloit, en suivant le pied de la chaîne Libyque, se jeter dans le nome et le lac *Mareotis*. M. de Chabrol et moi, que le général en chef de l'armée chargea d'une mission particulière dans la province de Gyzeh, que nous parcourûmes entièrement en bateau, durant l'inondation extraordinaire de l'an 8 à l'an 9 [septembre 1800], des ruines de Memphis au village de Myt-Salameh, nous eûmes occasion de reconnoître la profondeur et la rapidité des eaux de cet ancien canal, non loin de ce dernier village, situé près et à l'ouest d'Ouârdân; nous trouvâmes que les eaux de ce canal, qui n'est séparé du Nil que par une digue servant à en soutenir les eaux, étoient, le 29 fructidor an 8 [16 septembre 1800], supérieures de cent soixante à cent quatre-vingts centimètres à celles du Nil, en ce point de son cours : la province de Gyzeh n'offroit, d'un chaîne à l'autre de la vallée, qu'une mer, du sein de laquelle tous les villages s'élevoient comme autant de petites îles.

(2) Cette flottille, composée des bâtimens légers et des embarcations de la flotte Anglo-Turque en station dans la rade d'Abouqyr, après avoir traversé le lac Ma'dyeh, franchit les brèches du canal d'Alexandrie, et vint stationner et débarquer dans le *Mareotis*, vers l'ancien canal de communication de ce lac à la mer, situé au centre de la rade d'Alexandrie. Ce canal existe à cinq mille huit cent cinquante mètres au sud-ouest de la colonne de Septime-Sévère.

quelques avisos, chaloupes canonnières, trabacks, et quelques autres fortes embarcations. Ce fait historique fait assez connoître tous les avantages que la ville d'Alexandrie et l'Égypte peuvent retirer de la navigation du *Mareotis*.

Si l'inondation de ce lac par les eaux de la mer a enlevé pour long-temps une province à l'Égypte, on peut en dessécher une grande partie que l'on rendroit à l'agriculture, en rétrécissant ses limites actuelles, que l'on fixeroit au moyen de digues sur tous les points où se termine la navigation naturelle de ce lac. En y rejetant les eaux des canaux qui y affluoient anciennement, on rétabliroit les communications avec toutes ces villes, bourgades et autres habitations qui couvrirent ses bords, ainsi que l'attestent les ruines considérables que l'on y retrouve encore de toutes parts. Cette utile et importante opération réuniroit à-la-fois les avantages inappréciables d'éloigner de ces parages les Arabes, dont les fréquentes incursions désolent les environs d'Alexandrie comme les frontières de toute l'Égypte, d'augmenter les moyens de défense de cette ville maritime en contribuant à sa salubrité (1), et de rendre à l'agriculture cette province, qui, absolument abandonnée aujourd'hui, fut très-peuplée sous l'empire des Ptolémées et des Romains, et sous celui de Constantinople, jusqu'à l'époque où A'mrou commença à y porter la destruction, vers le milieu du VII.e siècle. Enfin, indépendamment de sa navigation, la pêche de ce lac devra offrir aux habitans de cette province et à Alexandrie la double ressource d'avoir avec plus de facilité et en tout temps du poisson frais et salé, et d'assurer un revenu considérable au Gouvernement qui seroit assez éclairé et assez puissant pour réparer tant de désastres par l'exécution de ces grands travaux.

On peut voir, dans mon Mémoire sur la partie occidentale de la Bahyreh, imprimé au tome II, *État moderne*, de la Description de l'Égypte, ce qui est dit touchant la reconnoissance et les opérations de sonde et de nivellement que j'ai faites sur ce lac à l'époque de son entière submersion par les eaux de la mer.

2.° BOHEYREH-MA'DYEH. *Lac Ma'dyeh.*

LE Ma'dyeh, ou lac d'Abouqyr, est un lac de nouvelle formation, dont les eaux participent de la salure de la mer, avec laquelle elles communiquent par un boghâz qui occupe à peu près l'emplacement de l'ancienne bouche Canopique. Son nom lui vient du passage d'eau que ce lac a sur son boghâz, qui se trouve sur la route d'Alexandrie à Rosette (2).

(1) Ce n'est pas à l'inondation constante de ses lacs que l'Égypte, principalement la partie maritime de ce pays, doit les maladies épidémiques qui la ravagent presque tous les ans. La véritable cause en est due à la stagnation des eaux marécageuses, aux rizières, et aux plaines humides, salines et fangeuses, que la retraite des eaux expose alternativement à l'action d'un soleil brûlant: si donc, dans le recreusement de ses anciens canaux, comme dans le rétrécissement de ses lacs, on ne laisse aucune partie que la baisse de leurs eaux puisse mettre à découvert (car, dans tous les pays chauds, c'est des lagunes naturelles ou artificielles que s'élèvent dans l'atmosphère ces exhalaisons épidémiques connues sous les noms de *peste*, de *fièvre jaune*, &c.), on doit être assuré que l'existence de ces lacs, quand leurs eaux sur-tout sont profondes et sujettes à être renouvelées par les eaux douces du fleuve, ne peut que contribuer à la salubrité comme à la fertilité du pays. Cette opinion, que l'on retrouve dans Strabon, est conforme aux lois de la saine physique.

(2) *Ma'dyeh* est un mot Arabe qui veut dire *passage d'eau*. On passe en effet le boghâz du Ma'dyeh dans un bac établi sur ce point de la route d'Alexandrie à Rosette.

Boghâz est un autre mot Arabe qui veut dire *bouche* ou

Le boghâz du Ma'dyeh, dont la largeur est de quatre cents mètres [deux cent cinq toises], est situé au centre d'une anse profonde que forme la rade d'Abouqyr, à une distance de six mille mètres [trois mille soixante-dix-huit toises] sud-sud-est du cap de ce nom; sa profondeur varie de deux à trois mètres, suivant la direction, la force et la durée des vents : quand les vents de mer soufflent avec violence, cette profondeur va jusqu'à quatre mètres, et souvent le passage d'eau y est difficile et dangereux.

On trouve, sur la langue de terre sablonneuse qui sépare ce lac de la mer, des vestiges d'une digue construite partie en pierre, partie en bois, et dont la longueur presque continue sur trois mille mètres [mille cinq cent trente-neuf toises] suit la côte de l'ouest à l'est. On lit, dans la relation des voyages de Paul Lucas, qu'en 1715 cette digue fut rompue par un violent coup de mer dont les eaux submergèrent, depuis cette époque, le lac Ma'dyeh. Elle fut encore très-endommagée en 1782 par une grosse mer. On croit que cette digue, à laquelle on est obligé de faire de fréquentes réparations, appartient au règne de Selym, vers le milieu du XVI.[e] siècle; c'est du moins ce que l'on doit présumer des travaux considérables qui ont été faits sous ce prince sur toute la côte d'Égypte.

La longueur de ce lac s'étend de quatre à cinq mille mètres, à l'est de son ma'dyeh, jusqu'au Qasr-Qiasserah, près de la ville d'Alexandrie, sur quinze à seize mille mètres. Sa plus grande largeur, partant du même point, le ma'dyeh, jusqu'à Tell-el-Genân au sud-est, est de douze mille mètres [six mille cent cinquante-six toises]. Cette dernière distance est celle que les bâtimens du canal d'Alexandrie auroient à parcourir pour se rendre du bassin des lacs, par le ma'dyeh (1), dans la rade d'Abouqyr. On trouve dans son étendue un nombre considérable de hauteurs de décombres, restes d'anciennes bourgades et habitations.

La profondeur moyenne de ses eaux étoit d'un mètre [trois pieds] environ, comme on l'apprend de la relation de M. Wilson (2); à peine quelques barques pouvoient-elles y naviguer : mais la submersion du *Mareotis* par les eaux de mer, lors de la rupture faite aux digues du canal d'Alexandrie, en avril 1801, a dû y former des fosses assez profondes pour permettre à des bâtimens de la flottille Anglo-Turque, d'un à deux mètres de tirant d'eau, d'y naviguer, et de se rendre de la rade d'Abouqyr, par le ma'dyeh, dans le *Mareotis*, ainsi que nous l'avons dit, en traitant de ce lac, au paragraphe précédent.

On voit qu'en conservant cette communication de la rade d'Abouqyr dans le *Mareotis* à travers le ma'dyeh, on pourroit donner à l'Égypte un nouveau port (3),

embouchure avec barre d'un fleuve, d'une rivière ou d'un lac à la mer.

(1) Le bassin des lacs est un bassin à trois écluses, projeté par M. Le Père, auteur du Mémoire sur le canal des Deux-Mers, pour le partage des eaux du canal navigable de Rahmânyeh à Alexandrie dans les deux lacs *Mareotis* et Ma'dyeh, et pour la conduite directe des eaux potables du Nil par un canal-aqueduc qui se rendroit dans la ville d'Alexandrie. — Description de l'Égypte, *É. M. tom. I, §. III.*

(2) *Voir* la relation de M. Wilson touchant les difficultés qu'éprouvèrent les Anglais dans le trajet de ce lac pour faire passer leur flottille dans le *Mareotis*. — (*Expédition de l'armée Anglo-Turque en Égypte*, t. II, p. 1 à 50.)

(3) La rade d'Abouqyr est à jamais célèbre par les deux combats de mer et de terre que l'armée Française eut à soutenir en l'an 6 et l'an 7 [1.er août 1798 et 25 juillet 1799] contre les forces navales des Anglais, et en troisième lieu, en 1801, contre les forces combinées d'une armée de terre Anglo-Turque. Quoique cette rade soit très-peu abritée de tous les vents, qu'elle soit ouverte à tous les bâtimens venant des côtes d'Europe, du nord-

que l'on auroit à creuser dans le lac même du Ma'dyeh : on pourroit, à cet effet, rétrécir l'étendue de ce lac par des digues que l'on rattacheroit aux diverses hauteurs de décombres, ruines d'anciennes bourgades que l'on y retrouve encore, pour ne lui laisser que la forme d'un canal ou d'une branche du Nil de quatre à cinq cents mètres de largeur; tout le reste seroit rendu à l'agriculture.

3.° BOHEYREH-EDKOÛ. *Lac d'Edkoû.*

LE lac d'Edkoû, qui prend son nom d'un village assez considérable, situé dans ces parages, occupe en partie l'espace compris entre le Ma'dyeh, dont nous venons de parler, et la branche de Rosette. Cet espace est à peu près celui qu'il occupoit anciennement entre la branche Canopique à l'ouest et la branche Bolbitinique à l'est.

Ce lac étoit encore considérable dix années avant notre expédition. Ainsi que tous les lacs maritimes de l'Égypte, le Nil l'augmentoit beaucoup en étendue; sa pêche formoit le revenu principal du canton d'Edkoû : mais, depuis sept années, ce lac étoit presque entièrement desséché. Le sol de son bassin, naturellement aride, bas et salin, étoit couvert de quelques bois de dattiers. Le cheykh du village d'Edkoû attribue le desséchement de ce lac à la haine qu'O'tmân-bey-Cherqâouy portoit au moultezim de ce village. Les digues des canaux qui y versent les eaux du fleuve n'ayant pas été ouvertes, comme cela se pratique annuellement, pendant sept années consécutives, et la communication que ce lac avoit avec les eaux de la mer par une bouche semblable à celle du Ma'dyeh, s'étant naturellement fermée, les eaux, qui ne trouvoient plus d'aliment ni dans celles du fleuve, ni dans celles de la mer, disparurent par les évaporations. De quarante bateaux que possédoient les pêcheurs sur ce lac, dont l'étendue ne consistoit plus que dans quelques lagunes d'eau saumâtre, il n'en resta plus que vingt-huit, et le village perdit de plus en plus de ses habitations.

Le village d'Edkoû reçoit annuellement ses eaux d'irrigation du canal d'Alexandrie par un canal qui en est dérivé, près d'Abou-el-Gamous : mais, comme cette prise d'eau ne peut suffire aux besoins d'une année, car le lac se desséchoit toujours en grande partie pendant l'été, il sollicitoit des beys la permission d'ouvrir les deux autres digues par lesquelles le lac reçoit directement les eaux du Nil ; ce qu'il obtenoit toujours à prix d'argent.

Indépendamment de la prise d'eau dans le canal d'Alexandrie par le ravin d'Abou-el-Gamous, dont nous venons de parler, ce lac reçoit encore les eaux du fleuve de deux autres dérivations, dont l'une prend au village de Sanabadeh, près de Foueh, et l'autre au village de Deyrout. Ces trois prises d'eau ne sont pas formées par des canaux proprement dits, c'est-à-dire, creusés de main d'homme; mais

est au nord-ouest, et qu'elle ne soit que trop foiblement fermée par les terres basses de la côte, qui court de l'est à l'ouest en passant par le sud, elle est cependant très-tenable durant sept à huit mois des belles saisons de l'année, de mars en septembre, ainsi que l'on doit en rester convaincu par les diverses stations qu'y ont faites, à diverses époques, les armées navales des Français, des Anglais et des Turcs, pendant le cours des quatre années de notre expédition d'Égypte.

elles se trouvent encaissées par des digues élevées, comme étant établies dans des parties naturellement aussi basses que le sol du bassin de ce lac, et dans lesquelles les eaux du fleuve se précipitent avec violence dès la rupture des digues qu'elles ont à leur origine, aux deux derniers villages précités.

Dans l'inondation de l'an 7 à l'an 8 [septembre 1799], les habitans d'Edkoû obtinrent du Gouvernement Français l'ouverture de la digue de Deyrout, village assez considérable, situé sur la rive gauche du Nil, à l'ouest de Foueh; mais, comme l'inondation de cette année fut foible, le fleuve ne versa que peu d'eau. L'année suivante, ils obtinrent, outre l'ouverture de cette digue, celle d'Abou-el-Gamous : l'inondation extraordinaire de cette année y versa une si grande abondance d'eau, que les eaux du lac, qui s'élevèrent de cinquante à soixante centimètres au-dessus du niveau des eaux de mer, causèrent quelques dégâts dans le pays, et qu'elles s'ouvrirent une bouche à la mer de cent cinquante mètres environ de largeur, sur une profondeur de trois à quatre mètres, près d'un o'kel ou caravanserail que les Français désignèrent sous le nom de la *maison carrée.* Cette nouvelle embouchure, qui est l'ancien ma'dyeh de ce lac que l'on avoit à passer, est située à sept mille cinq cents mètres [trois mille huit cent quarante-huit toises] à l'est de l'autre ma'dyeh appartenant au lac contigu à l'ouest. La mer y a déjà formé une barre; mais il y reste encore assez de profondeur, ainsi que dans le lac, pour permettre à des barques de moyenne grandeur du Nil d'y naviguer jusqu'à Edkoû. Cependant il paroît, d'après la relation de M. Wilson, qu'on ne trouve généralement qu'un mètre d'eau dans l'étendue de ces deux lacs.

Si l'on ne consultoit que l'intérêt des habitans du village d'Edkoû (1), il faudroit leur conserver ce lac; mais on ne doit voir dans leurs vues à cet égard que l'intérêt privé des ressources locales que leur offre la pêche du lac, et dont ils trouvent que les travaux sont beaucoup moins pénibles que ceux qu'exige la culture des terres. On pense donc qu'il convient de dessécher ce lac et d'en rendre le sol à l'agriculture. Il suffit, pour y parvenir, de maintenir fermées et de consolider les digues des deux grandes prises d'eau par les canaux de Sanabadeh et de Deyrout, et de conserver seulement la dérivation d'Abou-el-Gamous dans le canal d'Alexandrie, comme nécessaire aux irrigations des terres du canton d'Edkoû et de ses dépendances; on auroit encore à fermer la nouvelle bouche de ce lac à la mer: alors ses eaux, isolées de toutes parts et réduites par l'effet des évaporations, disparoîtront

(1) Les habitans d'Edkoû demandent, dans leur intérêt privé, le maintien de leur lac, parce qu'ils aiment beaucoup mieux jouir en paix des ressources qu'ils retirent de la pêche, que d'en cultiver le sol desséché, qui ne leur offroit que quelques champs et quelques bois de dattiers, dont les Arabes, dans leurs incursions annuelles, leur enlevoient souvent les récoltes. La contribution que ceux-ci leur arrachèrent en l'an 8 [1799], se monta à 50,000 pataques de 40 médins, faisant 71,428 liv. 12 sous tournois. C'est à ces déprédations, àces dégâts, que commettent tous les ans les Arabes dans les provinces frontières de l'Égypte, que l'on doit attribuer la dépopulation ou même l'abandon absolu des villages et des terres situés dans ces régions. Que l'on juge du malheur de ces habitans, qui ont à satisfaire à-la-fois et à la cupidité des insoucians dominateurs de l'Égypte, et aux brigandages de ces peuples errans qui sont désignés sous le nom d'*Arabes pasteurs.* On sait que ces peuplades méprisent, dans leur orgueilleuse ignorance, la vie des peuples agricoles, et que, regardant les déserts comme leur domaine, ils en reculent sans cesse, par l'effet de leurs brigandages, les limites aux dépens des *fellâh* ou Arabes cultivateurs, dont l'industrie et les pénibles travaux ne tendent qu'à en faire, au contraire, l'heureuse et paisible conquête sur les rives d'une mer de sables stériles.

dans l'espace de quelques années, ainsi que le savent par expérience les habitans du village d'Edkoû, et ceux qui bordent les lacs maritimes de l'Égypte.

4.° BOHEYREH BOROLLOS. *Lac Bourlos.*

LE lac Bourlos occupe la plus grande partie de la côte maritime comprise entre les branches de Rosette et de Damiette, qui sont les anciennes branches Bolbitinique et Phatmétique, distantes l'une de l'autre de cent quarante-huit mille mètres [soixante-quinze mille neuf cent trente-quatre toises]. Ce lac, dont la plus grande largeur, au sud de sa bouche, est de trente-cinq mille mètres [dix-sept mille neuf cent cinquante-sept toises], doit son nom à un cap bas et sablonneux, très-avancé dans la mer, situé vers la mi-longueur de cette côte également basse et de même nature. Ce cap, anciennement connu sous le nom de *Broullo* et de *Parallou* chez les Qobtes, et qui est distant de soixante mille mètres de la bouche de Rosette, à l'ouest, avoit une ville qui étoit le siége d'un évêque dans les premiers siècles du christianisme (1). Loin de s'étendre en cette partie, il semble que cette côte y éprouve au contraire des envahissemens progressifs par les eaux de la mer; car, ainsi qu'au boghâz de Damiette, on trouve aujourd'hui sous les eaux de la mer, à celui de Bourlos, les ruines d'une mosquée et d'un village qui avoient remplacé l'église et la ville de Parallou (2). Quant à l'étendue de ce lac, on ne peut pas douter que la mer et le Nil ne l'aient beaucoup augmentée : les ruines nombreuses qu'on y trouve de toutes parts, en sont des témoignages irrécusables.

La profondeur des eaux du lac Bourlos n'est en général que d'un mètre : aussi l'on n'y navigue que difficilement. Ce lac reçoit divers canaux dérivés du Nil, dont le plus considérable est le canal de Tabanyeh, qui, partant de Semenhoud, l'ancienne *Sebennytus*, dans la branche de Damiette, se jette dans le Bourlos, près des ruines de l'ancienne *Buto*, célèbre, ainsi que le dit Hérodote (3), par les oracles de ses temples de Diane et de Latone : près et au nord de cette ville, on trouvoit cet ancien lac, dans l'étendue considérable duquel, ajoute cet historien, étoit l'île flottante de Chemmis.

Le canal de Tabanyeh est l'ancienne branche Sebennytique, dont le cap Bourlos occupe sans doute l'ancienne bouche. On y trouve une profondeur d'eau assez grande pour permettre aux forts bâtimens du Nil d'y naviguer dans le temps de la crue et pendant quelques mois après.

Le boghâz de Bourlos, dans sa largeur variable de deux cents à deux cent cinquante mètres, offre trois à cinq mètres de profondeur d'eau, suivant l'état du fleuve. C'est à une distance de cinq cents mètres du fortin que les Français ont

(1) Hiéroclès, dans sa Notice, nomme ce même cap *Parolios* : on voit encore figurer un évêque de *Parallos* dans les conciles d'Éphèse et de Chalcédoine. Il y a donc plus de treize cents ans qu'une ville de ce nom existoit sur le cap Bourlos, ou du moins aux environs.

(2) On remarque aujourd'hui au boghâz de la branche de Damiette, en l'emplacement d'un fort dit *le Boghâfeh*, et à une distance de cinq cent cinquante mètres environ du rivage, sous les eaux de la mer, les ruines d'un village et d'une mosquée qui, en 1672, étoient situés sur les bords de cette bouche du fleuve.

(3) *Hist.* liv. II, §. 145.

construit à ce boghâz, qu'on aperçoit, sous les eaux de la mer, les ruines du village dont nous venons de parler.

On peut rendre aisément à l'agriculture la plus grande partie de l'étendue de ce lac, en ne lui conservant que quelques-unes de ses nombreuses dérivations du Nil; car on ne doit pas chercher, en général, à trop diminuer le volume des eaux des deux grandes branches de Rosette et de Damiette, pour faire ressortir de sa submersion présente toute la côte maritime de la basse Égypte.

5.° BOHEYREH MENZALEH. *Lac Menzaleh.*

LE lac Menzaleh s'étend depuis Damiette, ville située près de l'embouchure de cette branche du Nil, anciennement bouche Phatmétique, jusqu'au-delà du château de Tyneh, près et au nord des ruines de Péluse, sur une longueur, mesurée suivant la courbure de la côte, de quatre-vingt-neuf mille quatre-vingt-sept mètres [quarante-cinq mille sept cent huit toises], et une largeur moyenne de vingt-deux mille trois cent soixante-dix mètres [onze mille quatre cent soixante-dix-sept toises], d'après les distances données par M. le général d'artillerie Andréossy dans son Mémoire sur ce lac (1). Il est séparé de la mer par un banc de sable de peu de largeur, et qui, formant la côte dans une direction sud-est, est coupé par diverses bouches à la mer, dont les deux plus considérables, celles de Dybeh et d'Omm-fareg, occupent à peu près l'emplacement des anciennes bouches Mendésienne et Tanitique; deux autres petites peuvent être quelques-unes de celles que Strabon désigne sous le nom de ψευδοστόματα *[fausses bouches]*, et qui, indépendamment des sept branches connues, versoient encore des eaux du fleuve à la mer.

On voit que des sept anciennes branches du fleuve le lac Menzaleh en embrasse quatre dans son étendue, en y comprenant les deux extrêmes qui le limitent; savoir, la Phatmétique à l'ouest, et la Pélusiaque à l'est. Cette dernière, jadis la plus considérable de toutes, se retrouve encore près et au nord de Sâlehyeh et près de Daphnes, l'ancienne *Daphnæ*, où elle entre dans le lac et se perd dans les sables qui l'ont comblée. On retrouve cette branche entre le château de Tyneh et les ruines de Péluse, où, par un détour à l'est, elle va se jeter à la mer, en y formant, lors de la crue du fleuve, une petite bouche qui, située à une distance de deux mille quatre cents mètres [mille deux cent trente-deux toises] au nord-nord-est des ruines de cette ancienne ville, prend le nom de *Tyneh*.

Ce lac doit son nom au village de Menzaleh, chef-lieu d'un canton situé à l'ouest d'une langue de terre qui forme au sud le débouché du canal d'Achmoun, dont il reçoit les eaux, ainsi que celles du Moëz; ces deux canaux, qu'on peut considérer plutôt comme des rivières que comme des branches secondaires du fleuve, y portent une grande abondance d'eau : d'autres petites dérivations y versent encore des eaux.

(1) *Mémoire sur le lac Menzaleh*, Décade Égyptienne, *pag. 165*; et Description de l'Égypte, *É. M. tom. I.er*, *tom. I.er*, *pag. 182*; Mémoires sur l'Égypte, *tom. I.er*, *pag. 261 à 278.*

La profondeur moyenne des hautes eaux de navigation de ce lac n'est pas de plus d'un mètre; encore ne peut-on y naviguer qu'avec de petits bateaux pêcheurs, à cause d'un nombre considérable de bas-fonds que la baisse des eaux du fleuve met à découvert, en y formant de petits îlots qui offrent l'aspect d'un archipel. La navigation, qui y est alors interrompue, se maintient constamment dans plusieurs fosses de trois, quatre et cinq mètres de profondeur : ces fosses, formées par les courans des rivières de Moëz et d'Achmoun, qui traversent le lac dans diverses directions jusqu'à la mer, appartiennent aux anciennes branches Tanitique et Mendésienne.

Les eaux de ce lac participent de celles de la mer; comme elles, phosphoriques, elles sont cependant moins saumâtres : on y boit des eaux douces dans les courans des rivières dont nous venons de parler, durant les hautes eaux du Nil; je me suis assuré de ce fait dans les deux voyages que j'ai faits sur toute l'étendue de ce lac au mois de décembre 1798 (1).

La pêche du Menzaleh est très-considérable et d'un grand revenu (2). Je tiens de M. Reiboult, négociant, qui a long-temps résidé à Damiette en qualité de consul Français, qu'elle étoit affermée par le qâymmâqam ou commandant de cette ville à un hossan-hoqân ou commissaire, au prix de 40 bourses, chacune de la valeur de 500 piastres de 90 médins, faisant la somme de 64,285 liv. 15 sous de notre monnoie tournois. Ce lac abonde en poissons et en oiseaux de bonne qualité. Il appartient au naturaliste M. Savigny, que j'ai trouvé à Damiette, occupé à en enrichir sa collection, d'en donner l'histoire. Parmi les poissons les plus communs, on y trouve la raie, la perche, la sole, des crabes et des tortues. Parmi les oiseaux, on y trouve des goélands, des cormorans, des flammans, des canards sauvages et des pélicans; ces deux dernières espèces s'y trouvent quelquefois en si grande abondance, que les rives et les îles du lac paroissent en être couvertes. Ces oiseaux n'y sont généralement pas chassés. Quant à la pêche, elle y a été de tout temps connue et pratiquée. Enfin, parmi les quadrupèdes qui vivent sur la côte et dans les lagunes qui bordent ce lac de toutes parts, on trouve l'hyène, le chacal, le renard et le sanglier.

Les eaux du Menzaleh s'étendent de Tyneh, par le *qantarah* ou pont situé sur la route de Sâlehyeh à Qatyeh, jusqu'à quarante-cinq mille mètres environ dans le sud, vers le centre de l'isthme; elles y forment des lagunes inviables, auxquelles les Arabes donnent le nom de *Birket el-Balah* [étang des Dattes]. Couvertes de végétation et d'arbrisseaux de nature saline, ces lagunes, qui existoient ancienne-

(1) Chargé, par M. le général du génie Caffarelli, de reconnoître de nouveau l'étendue de ce lac, j'y ai navigué pendant quelques jours avec M. Nouet l'astronome, qui devoit en déterminer les principaux points, accompagné de M. Coraboeuf, ingénieur géographe, et de M. Lenoir, mécanicien, les 18 et 25 frimaire an 7 [8 et 15 décembre 1798]. J'ai bu, en divers endroits, des eaux douces dans le courant des rivières qui traversent avec rapidité ce lac d'eau saumâtre. On ne sera pas étonné de ce fait, quand l'on saura, d'après les rapports de divers navigateurs sur les côtes de l'Égypte, que, durant les hautes eaux du Nil, on puise des eaux douces de ce fleuve à plus de deux milles en mer, dans le courant des embouchures des branches de Rosette et de Damiette.

(2) Le nombre des barques des pêcheurs qui naviguent sur ce lac, est de cinq à six cents, montées chacune de deux à trois hommes : on y sale une grande quantité de poissons que les pêcheurs, qui font aussi le cabotage des côtes de l'Égypte jusqu'en Syrie, transportent par mer avec des riz de Damiette à el-A'rych et à Gaza, d'où ils rapportent en échange du tabac et des dattes.

ment, comme on l'apprend de Strabon, se terminent, au sud-est, en un lieu que les Arabes désignent sous le nom de *Râs el-Moyeh* [tête des eaux] : on trouve aux environs quelques hauteurs de décombres d'anciennes habitations, et assez près à l'est, les puits d'*Abou-l-Rouk*, qui donnent des eaux douces ou légèrement saumâtres. Ces lieux sont fréquentés par les Arabes qui cherchent à cacher leur marche d'Égypte en Syrie.

D'après les rapports d'Hérodote et de Strabon, les environs de Péluse et de Tennis étoient entourés de marais dans lesquels étoient situées beaucoup d'autres bourgades dont on retrouve encore les ruines dans l'étendue et sur les bords de ce lac, que les eaux du fleuve traversoient librement par les branches dont nous avons parlé. La branche Pélusiaque, la plus orientale et qui formoit le côté du Delta, vers l'Arabie et la Syrie, étoit très-navigable; on sait qu'Alexandre y fit entrer sa flottille, qui, venant de Gaza par mer, la remonta jusqu'à Memphis, capitale qui reçut ce conquérant comme un libérateur. On lit dans Alfergan que le lac de Tennis fut formé à dessein, pour servir à la défense de la nouvelle Tennis bâtie dans une île de ce nom, et qui fut dans le IX.e siècle une ville très-florissante (1).

De tous les lacs maritimes de l'Égypte, le Menzaleh est celui dont l'inondation constante prouve le plus l'envahissement progressif des eaux du Nil; car, en élevant de plus en plus son lit, ce fleuve tend à les augmenter d'étendue, en les réunissant au domaine de la mer. Pour obtenir le desséchement de ce lac, il suffiroit de fermer pendant quelques années les rivières ou canaux qui y versent les eaux du fleuve. Ses bouches à la mer, cessant de recevoir les eaux de ces canaux, se fermeront naturellement d'elles-mêmes, et bientôt l'on n'aura plus que les ramifications des branches de Moëz et d'Achmoun, qui, le traversant profondément en divers sens, pourront être rectifiées et diguées suivant un système convenable à la navigation, à l'irrigation et au desséchement de cette partie du Delta. Il conviendroit sur-tout de rétablir l'ancienne branche Pélusiaque, que l'on feroit passer par Sâlehyeh, par le qantarah, Daphnes et les ruines de l'ancienne Péluse, jusqu'à sa bouche à Tyneh. En fortifiant les principaux points de cette ligne, on pourroit y former à volonté des inondations que l'on étendroit au Râs el-Moyeh, et jusque dans le bassin des lacs Amers. Le rétablissement de la branche Pélusiaque réuniroit donc l'avantage de rendre à l'Égypte les anciennes limites de son Delta à l'orient, et d'y former une barrière inaccessible aux incursions des Arabes et à la marche d'une armée ennemie. On pourroit cependant favoriser dans les plaines comprises entre ce lac et Qatyeh la plantation du dattier, dont la culture, si productive en Égypte,

(1) Golius, *in Alfergan.* pag. 145-7.

La ville de Tennis, située dans l'île de ce nom, étoit très-florissante dès le VII.e siècle, vers l'époque où l'islamisme se répandit en Égypte. Elle a eu une chronique particulière, connue sous le nom de *Tarykh Tennis*. Elle a éprouvé diverses révolutions. L'époque de la dernière, à laquelle elle succomba entièrement, date de la deuxième croisade, vers l'an 1148. La ville de Pharma, située près et à l'est de l'ancienne Péluse, également ruinée, la remplaça comme boulevart de l'Égypte du côté de la Syrie. J'ai descendu dans l'île de Tennis : parmi les ruines et les décombres informes que l'on y trouve, j'ai reconnu des traces non équivoques, et encore empreintes sur des pans de muraille, des ravages des flammes qui ont dû consumer la ville de ce nom; il ne reste plus aujourd'hui sur son emplacement qu'un sol aride, couvert de cendres salino-terreuses, dont l'aspect blanchâtre attriste et fatigue à-la-fois l'ame et les yeux.

convient parfaitement à ce sol, et dont les plants tranchent si agréablement la lisière qui en sépare les campagnes des déserts arides et brûlans qui l'enveloppent de toutes parts.

6.° SEBAKAT BARDOUAL. *Lac Sirbonis.*

LE lac *Sirbonis,* d'après Hérodote, Diodore et Strabon, commençoit au mont *Casius,* situé à l'est de Péluse, et longeoit la côte maritime sur plus de deux cents stades [dix-neuf mille toises] de longueur et cinquante stades [quatre mille sept cent cinquante toises] dans sa plus grande largeur (1).

Les descriptions que nous ont laissées de ce lac Diodore de Sicile et Strabon, sont encore conformes à son état actuel. L'auteur Sicilien nous dit que « des corps » d'armée y ont péri, faute de connoître ces marais profonds que les vents recouvrent » de sables qui en cachent les abîmes. Le sable vaseux, ajoute-t-il, ne cède d'abord » que peu à peu sous les pieds, comme pour séduire les voyageurs, qui continuent » d'avancer jusqu'à ce que, s'apercevant de leur erreur, les secours qu'ils tâchent » de se donner les uns aux autres, ne peuvent plus les sauver. Tous les efforts qu'ils » font ne servent qu'à attirer le sable des parties voisines, qui achève d'engloutir » ces malheureux voyageurs. C'est pour cela qu'on a donné à cette plaine fangeuse » le nom de *barathrum,* qui veut dire *abîme.* »

Strabon dit que « toute la région de Gaza jusqu'au lac *Sirbonis,* et même du » mont *Casius* qui le termine à l'ouest, jusqu'à Péluse, est d'une nature entièrement » sablonneuse, stérile et dépourvue d'eau douce. Le sol, qui en est naturellement bas » et profond, est marécageux comme celui de la Phénicie. Vers le milieu étoit une » bouche qui s'est comblée; du mont *Casius* part le chemin qui conduit à Péluse. » On trouve dans ces parages le retranchement de *Chabria,* et ces abîmes qui, situés » aux environs de Péluse, sont formés par les débordemens du Nil dans des lieux » naturellement bas et marécageux. »

Le même géographe, livre 1.er, dit en parlant de ces parages : « L'Égypte » a dû être anciennement couverte par la mer jusqu'aux marais voisins de Péluse, » du mont *Casius* et du mont Sirbonide; car, encore aujourd'hui, quand on creuse » en Égypte les mines de sel, on rencontre des bancs de sable et de coquillages » fossiles, comme si jadis la mer eût occupé ce pays, et que tous les environs du » *Casius* et du lieu nommé *les Gerrhes* eussent été des bas-fonds qui touchoient au » golfe de la mer Érythrée. En se retirant, la mer aura découvert ce terrain ; mais les » eaux seront restées dans le lac Sirbonide, qui, ensuite, par l'effet d'un autre écoule- » ment, sera devenu un marais. Durant mon séjour à Alexandrie, ajoute le même » auteur, la mer s'éleva si haut entre Péluse et le mont *Casius,* qu'elle inonda toute » la plaine qui environne cette montagne, dont elle fit une île, et que le chemin » qui conduit en Phénicie pouvoit se faire en bateau. Il ne faudroit donc pas » s'étonner si jamais, l'isthme qui sépare la mer Égyptienne de la mer Érythrée, se

(1) Hérodote, *Hist.* liv. II, §. 6; Diodore, *Biblioth. hist.* liv. I.er, sect. I, §. 17; Strabon, *Géogr.* liv. I, XVI et XVII. *Voir,* pour la citation du livre I.er de la Géographie de Strabon, la traduction Française de 1805, *pages 120, 121,* &c.

» rompant ou s'affaissant, ces deux mers venoient à se joindre par un détroit semblable à celui des Colonnes. »

Le lac *Sirbonis* porte aujourd'hui le nom de *Sebakat Bardoual,* du nom de Baudouin, roi de Jérusalem, qui, en 1177, après son expédition par laquelle il se rendit maître de Farâmah, mourut à el-A'rych, en retournant en Syrie. Il occupe principalement tout l'espace compris entre le cap Straky et le cap Kas (1), qui est de sept à huit heures de marche, en suivant les bords sablonneux de la mer; sa largeur est limitée au sud par la route de Qatyeh à el-A'rych, qui est de dix à onze mille mètres [cinq mille cent trente à cinq mille six cent quarante-trois toises]. Tout cet espace, qui est le bassin de l'ancien lac, est encore aujourd'hui recouvert en grande partie de sables mouvans, qui y laissent les mêmes abîmes dont parlent Diodore et Strabon. On doit à un journal de la marche de M. le général de division Menou, au retour de l'armée de Syrie en Égypte, des détails intéressans sur cette partie de la côte que ce général suivit d'el-A'rych à Qatyeh (2). En voici les principaux résultats, quant à la nature et à l'étendue de ces lacs :

« A peu de distance à l'est du cap Straky, commencent des lacs où l'on trouve » de belles cristallisations d'un sel blanc recouvert de quelques pouces d'eau; toute » cette plage est une plaine immense, basse, et dépouillée de verdure : on y » remarque des cavités profondes, remplies d'eau. A sept lieues de ce cap, on » trouve, en suivant toujours à l'ouest les bords de la mer, le cap Kas formé par » une dune élevée, à laquelle viennent se rattacher divers monticules couverts » de broussailles. En cet endroit de la marche, le général fit tourner au sud; » mais bientôt la division se trouva engagée avec ses bagages dans de nouvelles » lagunes très-étendues, dont on eut les plus grandes difficultés à retirer les chevaux » et les chameaux, qui enfonçoient jusqu'au ventre. On put regagner enfin les » bords de la mer, que l'on suivit vers l'ouest jusqu'à l'extrémité des lacs; la longueur de ces lacs est de seize lieues, dont neuf à l'ouest et sept à l'est du cap Kas; » une langue de terre sablonneuse de six pieds d'élévation au-dessus de la mer, » et de cent à cent cinquante toises environ de largeur, sépare, sur toute cette » étendue, la mer d'avec ces lacs, qui se terminent à un site élevé de la côte, où » l'on trouve des vestiges d'anciennes constructions, et qui est distant de neuf » lieues environ du cap Straky. »

On voit par ces descriptions que la nature de ces lieux n'a pas éprouvé de changemens remarquables depuis près de vingt siècles, malgré la mobilité des sables qu'abandonnent aux vents les dunes dont est couvert le désert qui borde ces lacs et ces lagunes au sud, jusqu'au-delà du chemin d'Égypte en Syrie par Sâlehyeh, Qatyeh

(1) Le cap Straky [l'ancienne *Ostracine*] est, selon l'Itinéraire Romain, à vingt-six milles de *Rhinocorura,* aujourd'hui el-A'rych, et d'autant de *Casium;* ce qui donne dix-neuf mille six cent cinquante-six toises entre el-A'rych et le cap Straky, et trente-neuf mille trois cent douze jusqu'au cap *Kas,* nommé *Râs el-Kaçaroun* sur la nouvelle carte d'Égypte. Cette carte donne trente-sept mille quatre cents mètres [dix-neuf mille cent quatre-vingt-neuf toises] entre Râs el-Kaçaroun et Râs el-Straky, et quarante-trois mille sept cents mètres [ou vingt-deux mille quatre cent vingt-une toises] entre ce dernier point et el-A'rych; ce qui offre, avec l'Itinéraire Romain, quelque différence dont j'aurai à parler.

(2) *Voir* la copie de la relation de cette marche, faisant suite à cet article du *Sirbonis,* sous le titre d'*Itinéraire d'el-A'rych à Qatyeh par les bords de la Méditerranée.*

et el-A'rych. L'aridité de ces lieux privés d'eau douce ne permet pas d'espérer que l'agriculture puisse jamais faire d'heureuses conquêtes sur ces plages de sable, sujettes, comme les mers, à la fureur des vents, et dont les dunes élevées, semblables à des vagues énormes, offrent l'image éternelle d'une mer orageuse. On doit laisser à l'action des vents et de la mer elle-même le comblement du lac Sirbonide et des abîmes qui l'environnent; et quoique cette partie du désert de l'isthme ait été souvent franchie par les armées des Assyriens, des Juifs, des Babyloniens, des Perses, des Grecs, des Égyptiens eux-mêmes, des Romains, des Arabes, des Ottomans, des Francs, et des Français en dernier lieu, on doit la considérer comme une barrière naturelle, que des armées ennemies ne peuvent jamais franchir qu'avec de grandes difficultés.

Quant à la côte maritime, dont la longueur, de Tyneh à el-A'rych, est de cent trente-cinq mille cinq cents mètres [soixante-dix mille cinq cent vingt-une toises], on sait qu'elle est inaccessible aux vaisseaux de guerre. Quelques bâtimens ont approché des parages d'el-A'rych, dans la première expédition du grand-vizir contre l'armée Française à son retour de Syrie en Égypte; mais ils ne purent faire leur débarquement qu'à l'embouchure de la branche et dans la rade de Damiette. On voit que, si cette côte, très-basse et sujette à toute la violence des vents, n'en défendoit pas naturellement l'accès, les abîmes de ces lacs et lagunes bordés de déserts y forment en arrière une seconde ligne de défense impénétrable.

ITINÉRAIRE D'EL-A'RYCH A QATYEH

PAR LES BORDS DE LA MÉDITERRANÉE,

Tenu par une Division de l'Armée Française, à son retour de Syrie en Égypte (1).

« NOUS sommes partis d'el-A'rych à cinq heures de l'après-midi; et après une demi-heure de marche au » N. O., nous avons gagné les bords de la mer, que nous avons suivis dans une direction O. $\frac{1}{4}$ S. O. pen- » dant une heure et demie, avant d'arriver au puits de Meçoudiac, où nous avons fait de l'eau. Nous étant » remis en marche à huit heures du soir jusqu'à onze, en suivant la même direction, nous avons fait quatre » lieues jusqu'à cette première halte.

» Le lendemain, nous avons repris notre marche à cinq heures du matin : à sept heures, nous fîmes une » fouille dans le terrain, qui offre une grande végétation; l'eau trouvée étoit extrêmement saumâtre. Le » bord de la mer remonte en cet endroit vers le nord; nous marchions O. $\frac{1}{4}$ N., et nous continuâmes de » marcher O. N. O. jusqu'à un cap très-bas, nommé *Straky* sur la carte de d'Anville, que nous doublâmes » à dix heures et demie du matin.

» Depuis notre départ jusqu'à la hauteur de ce cap, nous avons fait neuf lieues; ce qui se trouve assez » d'accord avec la carte. La côte extrêmement basse n'a pas plus de cinq à six pieds au-dessus du niveau » des eaux de la mer; la plage, comme le désert que nous avions à notre gauche, offre une plaine basse. A » l'approche du cap Straky, nous trouvâmes plusieurs petits lacs : le fond de quelques-uns est couvert » d'un beau sel blanc, recouvert de six pouces d'eau. Nous en trouvâmes aussi sans eau, et d'autres qui » avoient beaucoup de profondeur, mais tous ayant peu d'étendue. Le reste de la journée nous marchâmes,

(1) Le journal de cette marche est dû à M. Lazousky, alors chef de brigade dans l'arme du génie, qui fit partie de la division du général Menou dans sa marche d'el-A'rych à Qatyeh par la côte, du 1.er au 3 messidor an 7 [19-21 juin 1799]. En consignant ici la copie de cette relation intéressante, je satisfais aux vues de ce général, que j'accompagnai souvent dans d'autres reconnoissances et expéditions militaires, et qui me la remit au Kaire pour lui donner la publicité qu'elle trouve dans ce Mémoire.

» ayant à notre gauche une suite de lacs semblables, et le désert s'étendant à perte de vue sur une plaine » immense et très-basse, absolument dépouillée de verdure.

» Après avoir doublé le cap Straky, le bord de la mer reprend une direction O. et O. S. O., en formant » une courbure semblable à celle que nous venions de faire en côtoyant la mer depuis el-A'rych. Cette » seconde courbure se termine au cap Kas, ainsi nommé sur la carte de d'Anville (1). Ce cap est formé » par des dunes très-élevées, reliées à des terres hautes qui prennent de l'intérieur du désert, et qui ter- » minent le lit d'un ancien lac dans lequel il n'y a plus d'eau : ces hauteurs sont couvertes de broussailles » et paroissent susceptibles de culture; plusieurs sentiers qui les traversent, ainsi que les fientes de » chameaux, de chevaux et de brebis, dont elles sont couvertes, indiquent assez qu'elles sont fréquen- » tées par les Arabes. Nous découvrîmes dans un fond sablonneux, au pied et sur le revers des dunes, » une citerne revêtue en rondines de sapin, qui étoit entièrement comblée; aux environs on trouve » une infinité de débris de poterie de terre, ainsi que quelques vestiges de maçonnerie sur le bord » de la mer.

» Nous avions fait alors seize lieues, et nous essayâmes de traverser le désert dans une direction S. O. » pour arriver à Qatyeh; mais d'autres lits d'anciens lacs extrêmement étendus nous présentèrent tant de » difficultés pour les chevaux et les chameaux, qui enfonçoient jusqu'au ventre, que nous fûmes contraints » de regagner les bords de la mer, séparés de ces marais par une espèce de digue en sable de cent à » cent cinquante toises de largeur, et de six pieds de hauteur environ au-dessus de la mer. Nous mar- » châmes encore quatre lieues jusqu'à la halte du soir. Le lendemain, après avoir côtoyé la mer, dont le bord » suit une ligne presque droite, dans une direction O. $\frac{1}{4}$ S., et après cinq heures de marche, nous trouvâmes » une fondation en briques bien maçonnée, ayant la forme d'une maison carrée, traversée intérieurement » par un mur. Cette ruine, autour de laquelle on voit d'autres vestiges de maçonnerie, est située à l'ex- » trémité nord d'une hauteur qui ne forme point de cap en mer, et qui termine à l'ouest les grands lits des » anciens lacs dont nous venons de parler. En cet endroit, le général de division Menou fit marcher sur » Qatyeh; nous avions fait alors, depuis el-A'rych, vingt-cinq lieues environ sur un sable mouvant, sans » trouver d'autre eau que celle de la citerne de Meçoudiac.

» Quant à la citerne du cap Kas, il seroit intéressant de la curer pour connoître la qualité et la quantité » de ses eaux. Elle se trouve située à neuf lieues des ruines en briques dont nous venons de parler, et des » hauteurs que nous avons traversées pour nous diriger sur Qatyeh, en marchant au sud. Dès que nous » fûmes sur le sommet de la hauteur, nous découvrîmes les palmiers qui environnent Qatyeh, et, après » une heure de marche, nous entrâmes dans le chemin qui va de Tyneh à Qatyeh.

» Fait à Qatyeh, le 3 messidor an 7.

» Le chef de brigade du génie, *signé* LAZOUSKY. »

7.° LAC AMER. *Lac des Deux-Mers.*

LE lac que l'auteur du Mémoire sur le canal des Deux-Mers, M. Le Père, mon frère, dont je fus un des coopérateurs, a désigné sous son ancien nom de *Lac Amer*, prend dans ce Mémoire une nouvelle dénomination, celle de *Lac des*

(1) On reconnoît aisément à cette description le mont *Casius* des anciens, dont les noms Arabes *Kas* et *Kaçaroun* conservent l'étymologie. La position de ce mont est aussi facile à retrouver d'après l'indication de l'Itinéraire d'Antonin, qui donne quarante milles [trente mille deux cent quarante toises] de Péluse à *Casium*, en passant par la mansion intermédiaire de *Pentaschœnon*, lieu qui prenoit son nom de la distance de cinq schœnes égaux à vingt milles. (D'Anville, *pag. 98.*) Or ce *Casium*, que d'Anville confond avec la position actuelle de Qatyeh, distant de onze mille cinq cents toises [vingt-deux mille quatre cent quatorze mètres] à l'est-sud-est de Tyneh, ne peut être qu'un lieu qui prenoit son nom du mont *Casius*, dont il étoit proche, ou bien de ce mont lui-même, distant, suivant Strabon, *liv. XVI*, de trois cents stades [vingt-huit mille cinq cents toises] de Péluse. La nouvelle carte de l'Égypte place ce même cap, *Râs el-Kaçaroun*, à une distance de cinquante-quatre mille quatre cents mètres [vingt-sept mille neuf cent dix toises] à l'est de la bouche de Tyneh. Cette petite différence ne peut provenir que de l'évaluation que nous donnons ici au stade de Strabon; évaluation sujette à des discussions dont je traiterai dans mon Mémoire sur la ville d'Alexandrie.

Deux-Mers, que je lui donne, comme étant parfaitement adaptée à sa nature, à sa position au centre de l'isthme de Soueys, à l'objet qu'il a rempli dans l'ancienne communication de la mer des Indes à la mer des Grecs, et à celui qu'il est naturellement destiné à remplir dans la réouverture de cette communication.

C'est encore à Strabon que nous devons les seuls détails que l'on ait sur la position et la nature de ces anciens lacs. Voici ce qu'en dit ce géographe dans le livre où il traite de l'Égypte :

« Au-dessus de Péluse, on trouve en Arabie quelques autres lacs et canaux situés » à l'est du Delta ; l'un de ces lacs longe la préfecture Séthréïtique, une des dix que » l'on compte dans le Delta. De deux canaux qui vont s'y jeter, il en est un qui » coule à travers et qui débouche dans la mer Rouge ou golfe Arabique, en passant » à Arsinoé, ville que l'on nomme aussi *Cleopatris*. Ces lacs, que l'on appeloit » *Amers* à cause de l'amertume ou de la salure de leurs eaux, changèrent de qualité » par le mélange que l'on en fit avec les eaux douces du fleuve, au moyen d'un » canal creusé de main d'homme. Ces lacs sont agréables et abondent aujourd'hui » en poissons et en oiseaux aquatiques : le canal qui y amène les eaux du fleuve, fut » creusé par les ordres de Sésostris, avant la guerre de Troie, &c. (1) »

On peut penser qu'à une époque reculée, et que l'on pourroit assigner, avec le plus de vraisemblance, à celle du passage de la mer Rouge par les Israélites, ainsi que l'a avancé notre collègue M. du Bois-Aymé, le lac des Deux-Mers faisoit partie de l'extrémité du golfe Arabique. Quoi qu'il en ait été, il en étoit déjà séparé sous les premiers Ptolémées, environ trois cents ans avant notre ère, puisque l'un de ces princes joignit ce lac à la mer Rouge par un canal dont nous avons retrouvé les vestiges bien marqués sur une longueur continue, ou que l'on peut dire telle, de vingt-un mille six cent cinquante mètres [onze mille cent deux toises].

Ces lacs sont situés à six lieues environ au nord-ouest de Soueys, à mi-distance d'Ageroud et de *Saba'h-byâr* [les sept Puits], qui occupent le centre de l'isthme; ils devoient, à partir de l'extrémité nord de l'ancien canal, au fond du golfe, s'étendre à l'ouest-nord-ouest, sur une longueur de quarante mille mètres [vingt mille cinq cent vingt-trois toises] au moins, et une largeur, que l'on ne peut donner que sur la ligne des opérations du nivellement de l'isthme, de vingt mille mètres, dans la direction du grand pic des montagnes au sud, vers le *Serapeum* au nord.

On a pu voir, dans le Mémoire sur le canal des Deux-Mers, que le bassin de ce lac, que les ingénieurs Français traversèrent dans ses directions de l'est à l'ouest et du sud au nord, à des époques où il étoit encore entièrement desséché, devoit être naturellement très-profond, puisqu'une des ordonnées du nivellement donne cinquante pieds de profondeur sur un des points de son sol actuel, au-dessous des eaux de la mer Rouge, et conséquemment vingt pieds au-dessous de celles de la Méditerranée. Il est dit dans les observations géologiques consignées dans la table

(1) Strabon, *Géogr.* liv. XVII.

Sésostris régnoit l'an du monde 3358, c'est-à-dire, 1342 ans avant notre ère. Or le siége de Troie arriva l'an 3530 de la période Julienne, c'est-à-dire, 1170 ans avant Jésus-Christ. Ainsi le canal auroit été creusé cent soixante-douze ans avant la guerre de Troie.

extraite du journal de ce nivellement (1), qu'il est dangereux de passer dans ces parties marécageuses, dont les Arabes évitent les abords. L'auteur y a fait connoître les grandes difficultés que les ingénieurs éprouvèrent au passage de ces parties du désert, dans leur deuxième opération du nivellement. J'ajouterai que je m'y trouvai moi-même engagé, et pour la seconde fois, lors de la première reconnoissance que je fis des progrès de l'inondation extraordinaire dans l'Ouâdy Toumylât, au mois de septembre 1800; reconnoissance que je prolongeai jusqu'à Soueys, en traversant de l'ouest à l'est ces sables mouvans et ce vaste banc recouvert de plateaux salins, avec vingt-cinq hommes montés à dromadaire, que j'avois pour escorte. Deux de nos chameaux enfoncèrent jusqu'au poitrail dans ces abîmes, et nous eûmes les plus grandes peines à les en retirer. Nous eûmes après à user de grandes précautions pour franchir, pendant plus d'une demi-heure, et à pied, de crainte d'accident, le passage de ce banc caverneux, dont la voûte légère et crevassée, recouvrant des cavités profondes qui conservent des eaux limpides et extrêmement salées, retentit sous les pieds des voyageurs qui s'y sont engagés. On ne doit pas douter que ce ne soit à cause de la salure amère de leurs eaux que les anciens, et d'après eux Strabon, Diodore et Pline, donnoient à ces lacs le nom de *lacs Amers, LACUS AMARI.*

On peut citer, comme une preuve matérielle de l'existence de ces lacs, qui ont dû former anciennement un bras de mer dans cette partie centrale de l'isthme, une remarque essentielle, et qui frappa les ingénieurs et jusqu'aux gens de notre escorte; c'est celle des laisses qu'on retrouve encore en diverses parties, au nord comme au sud de ce lac, et qu'on ne peut méconnoître, comme retraçant le niveau des eaux de ces lacs, lors de leur pleine submersion, dans ces amas ondulés de cailloux et de coquillages roulés, ainsi que cela existe sur les rives de toutes les mers dont les plages sablonneuses sont légèrement inclinées. Peu après avoir dépassé ces laisses au nord du lac, on retrouve, vers le *Serapeum,* les digues du canal très-marquées jusque vers le Cheykh-Henâdy, situé au milieu d'autres lacs qui, désignés aujourd'hui sous le nom Arabe de *Temsah,* dépendoient, ainsi que le dit Strabon, de la préfecture Séthréitique, et conservent encore les vestiges du canal qui y amenoit les eaux du fleuve.

On voit, par cet exposé, combien est exacte et précise la description de ces lieux par Strabon, sur l'ancien état de ces lacs du centre de l'isthme, puisqu'on y a retrouvé les deux canaux par l'un desquels les eaux de l'inondation extraordinaire de 1800 ont dû encore, comme dans les temps anciens, y amener les eaux du Nil.

On doit avouer que, si l'agriculture n'a pas de grandes conquêtes à faire sur le sol du lac des Deux-Mers, on peut, en y rejetant les eaux du Nil par le rétablissement de l'ancien canal de navigation, qui doit réunir sa partie nord avec celle de l'extrémité du golfe de Soueys, en remplir le bassin de ses eaux douces, le repeupler de poissons et d'oiseaux aquatiques, et en rendre les abords, sinon très-agréables, du moins susceptibles de quelque culture. Je n'insisterai pas sur les grands avantages que promet la nouvelle formation de ce lac par les eaux du fleuve; ce sont ces avantages qui, se reliant à ceux du canal des Deux-Mers, et que M. Le Père a

(1) Mémoire du canal des Deux-Mers, Appendice, *§. III, É. M. tom. I.*

suffisamment développés dans son Mémoire, me portent à donner à ce lac le nom de la grande communication à laquelle il doit coopérer. Quoique j'aie donné plus haut les deux principales dimensions de ce lac, on ne doit pas en conclure celle de sa surface, parce que la configuration et les limites ne peuvent en être rigoureusement connues que par une nouvelle submersion de son bassin.

Quant aux autres lagunes qui, adjacentes au nord, cernent le Cheykh-Henâdy, je dirai que leur étendue assez considérable, couverte d'arbrisseaux et d'une végétation saline due à la nature sablonneuse, basse et humide du sol, peut être aisément rendue à l'agriculture par le versement des eaux du Nil, qui y sont parvenues d'elles-mêmes, comme je l'ai dit plus haut, dans l'inondation extraordinaire de septembre 1800. Toute cette partie, qui, avec celles adjacentes à l'ouest de l'Ouâdy Saba'h-byâr et de l'Ouâdy Toumylât, appartenoit à la terre de Gessen, concédée par les anciens Pharaons aux Israélites, est également très-boisée et susceptible d'une aussi bonne culture que les terres du Delta. Il ne s'agit que d'y rejeter annuellement et avec mesure les eaux du fleuve, qui, sans cela, y prendroient une hauteur trop considérable, parce que le sol y est naturellement submersible, étant aussi bas, à cette hauteur des branches du Nil, que celui de l'Égypte inférieure sur toute l'étendue de ses côtes maritimes.

8.° BIRKET-QEROUN. *Lac Mœris.*

DE tous les travaux étonnans des Égyptiens, le lac Mœris est celui dont les anciens historiens nous ont parlé avec le plus d'éloges, avec le plus d'enthousiasme: mais, quand on connoît le génie des peuples de l'Orient dans tous les temps, l'esprit et le style de leurs écrivains, on n'est plus étonné de trouver, comme le dit Strabon en parlant d'Homère, les mythes ou la fable mêlés à leurs écrits; c'est ainsi que l'on sera toujours en droit de traiter de fabuleux ce qu'Hérodote a écrit des merveilles du lac Mœris. C'est en effet cet historien, le plus ancien de ceux qui aient écrit avec quelque détail sur l'Égypte, qui, par une tradition erronée ou une interprétation inexacte de ce qu'il aura appris des prêtres d'Égypte à ce sujet, est l'auteur des incertitudes et des erreurs dans lesquelles sont restés jusqu'à notre siècle les écrivains modernes qui se sont occupés de cette question géographique.

Après ce qu'a écrit et publié en Égypte, sur le lac Mœris, M. Jomard, alors capitaine au corps des ingénieurs-géographes (1), je n'entrerai dans aucune discussion sur une question qui me semble assez éclaircie et aujourd'hui terminée; mais je donnerai quelques observations qui, m'étant propres, se rattachent à l'objet que je me suis proposé dans ce Mémoire général des lacs de l'Égypte.

Si l'on jette les yeux sur une carte du Fayoum que l'on doit à M. Martin, ingénieur des ponts et chaussées, on reconnoît que cette province centrale de l'Égypte s'étend à l'ouest du Nil, dans les déserts de la Libye, par une gorge de la

(1) Mémoire sur le lac Mœris, par M. Jomard, lu à l'Institut d'Égypte au Kaire, le 8 octobre 1800, et inséré dans la Description de l'Égypte, *Antiquités, tome I.er*, *pag. 79-114.* Je dois déclarer ici que, n'ayant point voyagé dans la province du Fayoum, cet article du Mœris est un commentaire sur des écrits et des reconnoissances de divers voyageurs.

montagne, depuis el Lâhoun et Haouârah el-Kebyr, jusqu'au Qasr-Qeroun, situé à la pointe occidentale du lac de ce nom, l'espace de cinquante-sept à cinquante-huit mille mètres. Il paroît, d'après cet ingénieur, que le sol de toute la partie nord, en partant de Medynet el-Fayoum, capitale de cette province, située près des ruines de l'ancienne *Arsinoé*, descend, par une pente rapide, vers la partie nord occupée par le Birket-Qeroun : cette pente, qu'il estime être de plus de cent pieds, est très-sensible dans deux fosses larges et profondes qui, dérivées du Bahr-Yousef, se dirigent vers le nord, l'une sous le nom de *Bahr-belâ-mâ*, et l'autre sous le nom de *Bahr el-Ouâdy ;* cette dernière est remarquable par une grande digue en maçonnerie, de huit mille cinq cents mètres de longueur, qui joint les villages de Defennoû et de Sedmoueh, et sert à arrêter les eaux du Nil, qui, sans cela, iroient se perdre dans le Qeroun.

« Les eaux du lac Mœris, dit Hérodote (1), ne viennent pas de source. Le » terrain que ce lac occupe, est extrêmement sec et aride : il les tire du Nil par un » canal de communication........ Ce lac forme un coude à l'occident, et se » porte vers le milieu des terres, le long de la montagne au-dessus de Memphis, » et se décharge, au rapport des habitans du pays, par un canal souterrain, dans la » syrte de Libye. »

C'est donc avec fondement que M. Jomard a avancé que toute cette partie basse et profonde est le bassin naturel du Mœris, dont le Qeroun n'est plus que la cunette. Ainsi j'affirmerai que les anciens Égyptiens, ayant reconnu dans cette partie moyenne de l'Égypte une étendue considérable de terrain naturellement bas, profond et aride, auront conçu le projet d'en utiliser le bassin, qui leur offroit un réservoir immense, capable de recevoir le trop-plein des crues du fleuve, et d'en reverser une partie, durant son décroissement, dans l'Égypte inférieure, qui n'étoit encore à cette époque qu'un pays marécageux, comme le disent Hérodote et Strabon. Tel fut, en effet, le but que Mœris (2), premier Pharaon de cette contrée, se proposa dans les grands travaux qu'il fit faire pour y parvenir, et qu'il obtint en faisant creuser un canal de communication du fleuve à ce bassin du nome Arsinoïte. C'est ainsi que ce lac aura été, non pas creusé de main d'homme, comme on l'a cru généralement d'après Hérodote, mais bien effectivement l'ouvrage de ce Pharaon. Les prêtres d'Égypte ont donc pu dire avec vérité à cet historien que ce lac étoit l'ouvrage de Mœris; mais, par une fausse interprétation, ordinaire à des étrangers qui ne connoissent pas la langue d'un pays dans lequel ils voyagent, cet historien trop crédule, car il en discute la possibilité, aura admis et écrit que ce lac, d'une profondeur immense, avoit été creusé de main d'homme, quand Mœris ne fit creuser seulement que le canal qui établissoit sa communication directe avec le fleuve, et fermer peut-être quelques ravins ou gorges naturelles du bassin de ce lac, dont les eaux auroient pu se perdre dans les déserts de la Libye.

De tous les anciens auteurs qui ont parlé du Mœris après Hérodote (3), qu'ils

(1) Hérodot. *Hist.* liv. II, §. 149 et 150.

(2) Mœris vivoit 900 ans avant Hérodote, qui voyageoit en Égypte 446 ans avant notre ère ; ce qui place, suivant la chronologie de cet historien, le règne de ce Pharaon à l'an 1346 avant Jésus-Christ, époque antérieure de plus d'un siècle à celle de la guerre de Troie.

(3) Hérodote, *Hist.* liv. II, §. 13.

paroissent tous avoir copié, Diodore, Strabon et Pline (1), le géographe est celui qui en traite avec le plus de discernement. Strabon, en parlant avec admiration de ce lac, dit qu'il ressemble à une mer par son immense étendue, par la nature de son rivage et par la couleur de ses eaux; mais, sans rien dire de sa formation, il ajoute que tout le sol environnant de la Libye jusqu'au temple d'Ammon, ainsi que toute la basse Égypte, du lac Sirbonide jusqu'aux extrémités des deux bras ou golfes de la mer Rouge, ont été long-temps sous les eaux de la mer.

On voit que nous avons réduit à une exécution simple et admissible les travaux gigantesques qu'une erreur populaire seule pouvoit attribuer à la main des hommes. Cependant cette opinion simple et raisonnable laisse encore assez de grandeur et d'utilité à cette importante opération de Mœris, puisqu'indépendamment des avantages immenses que procuroient les eaux du fleuve versées annuellement dans le nome Arsinoïte et dans ce lac, qui les reversoit ensuite dans toute l'Égypte inférieure, durant le décroissement du fleuve, le fisc royal en retiroit des revenus considérables (2).

Je ne dirai que peu de chose sur les dimensions et l'étendue de ce lac, qu'Hérodote dit avoir été de trois mille six cents stades de circuit, c'est-à-dire, ajoute-t-il, autant que l'Égypte a de développement de côte maritime du mont *Casius* à *Taposiris*, sur le golfe Plinthinites; cette étendue de trois mille six cents stades (3), ou de soixante schœnes, donne un périmètre de cent quatre-vingt-trois mille six cents toises, ou soixante-seize lieues et demie, de deux mille quatre cents toises chacune. Je ne me refuse pas à admettre cette étendue, quoique les dimensions dont elle résulte ne soient et ne puissent jamais être précises, comme étant variables et très-difficiles à mesurer exactement. On conçoit, en effet, que l'étendue de l'inondation du Mœris, dont la surface du sol environnant pouvoit être plane ou légèrement inclinée, dépendoit annuellement de la plus ou moins grande hauteur des eaux du fleuve, étendue qu'une ou deux coudées de plus de crue extraordinaire pouvoient très-bien augmenter d'un dixième, d'un cinquième ou d'un tiers même, et qui devoit enfin décroître journellement après la fermeture des barrières, en raison du déversement des eaux du lac dans le fleuve, des filtrations et des évaporations si fortes en ces contrées. Ainsi ne soyons pas plus étonnés de la grandeur du périmètre donné par Hérodote au lac Mœris, que de la variété des différentes dimensions rapportées par d'autres auteurs anciens ou modernes, puisque cela devoit dépendre de dimensions journellement variables.

On lit dans Diodore que ce lac, qui subsistoit de son temps avec tous ses avan-

(1) Diodor. *Bibl. hist.* liv. I, §. II, chap. VIII. Strab. *Géogr.* liv. XVII. Plin. *Hist. nat.* liv. XXV, chap. XII.

(2) La pêche de ce lac, dit Hérodote, rapportoit un talent par jour, c'est-à-dire, 5400 liv. de notre monnoie tournois, pendant six mois de la retenue des eaux du Nil dans le lac, et seulement vingt mines ou un tiers du talent, c'est-à-dire 1800 liv., journellement pendant les six autres mois du reversement des eaux dans le fleuve; ce qui faisoit un revenu annuel de 1,296,000 livres. On y pêchoit vingt-deux espèces de poissons; et la pêche, dit Diodore, en étoit si abondante, qu'à peine on pouvoit suffire aux travaux journaliers de leur salaison.

(3) Le schœne, dit d'Anville, *pag. 10*, est de soixante stades, chacun de cinquante toises deux pieds quatre pouces neuf lignes, que ce géographe porte à cinquante-une toises en compte rond. Le schœne, qui égaloit quatre milles Romains, est donc ici de trois *mille* vingt-quatre toises, puisque le mille étoit de sept cent cinquante-six toises.

tages, recevoit les eaux du Nil par un canal qui en étoit dérivé, et dont la longueur étoit de quatre-vingts stades, donnant sept mille cinq cent cinquante-cinq toises, ou quatorze mille sept cent vingt mètres, sur trois plèthres, ou trois cents pieds de largeur. On avoit construit deux barrages aux débouchés des deux ouvertures du canal, par lesquelles les ingénieurs qui en avoient la direction, faisoient manœuvrer les eaux affluentes ou effluentes du Nil, suivant les besoins de l'agriculture (1).

On lit dans un auteur Arabe cité dans un manuscrit de la Bibliothèque du Roi, traduit par M. de Sacy (2), qu'en l'année 806 de l'hégire [1403 et 1404 de J. C.], les eaux se retirèrent d'une partie de l'étang du Fayoum, nommé alors *Bahr-Yousef.* Cet étang fut ensemencé, et donna une récolte très-abondante. Chaque feddân rendit soixante-onze ardebs d'orge à la mesure du Fayoum, qui contient neuf ouabias, l'ardeb du Kaire n'en contenant que six.

Quant à la profondeur des eaux de ce lac, qu'Hérodote indique avoir été de cinquante orgyies (3), donnant quatre-vingt-douze mètres quatre centimètres [quarante-sept toises un pied quatre pouces, ou deux cent quatre-vingt-trois pieds quatre pouces], sans y ajouter pleinement foi, je ne me refuserai pas non plus à en admettre la possibilité. Mais comment croire, dit-on généralement à ce sujet, qu'un Pharaon ait pu faire construire dans les eaux de ce lac deux pyramides qui, élevées toutes deux d'un stade ou cent pas de hauteur [cent quatre-vingt-quatre mètres ou cinq cent soixante-six pieds], restoient à moitié submergées par les hautes eaux de ce lac! Rien de plus simple encore : mais on croit entrevoir que Mœris a voulu particulièrement, dans l'érection de ces deux pyramides, laisser à la postérité des ouvrages qui auroient toutes les apparences du prodige, quand ces travaux ne sont pas plus étonnans que ceux des autres pyramides qu'on retrouve et dont on admire encore les masses prodigieuses dans la province inférieure, celle de Gyzeh au nord; car on ne doit pas douter que Mœris ne les ait fait construire avant d'avoir formé le lac de son nom par le versement des eaux du fleuve. Cette opinion est au moins vraisemblable, puisque nous savons, par Hérodote et par Strabon, que l'eau du Mœris n'étoit pas naturelle à son bassin, mais qu'elle étoit dérivée du fleuve par le canal creusé à cet effet. J'admettrai donc aussi facilement que les deux pyramides de Mœris pouvoient être submergées de deux à trois cents pieds par les eaux du lac, dont le desséchement actuel en prouve toute la possibilité, que je suis convaincu que les eaux du Nil peuvent remplir de trente à quarante pieds, et plus peut-être,

(1) Les barrières que l'on avoit pratiquées, d'après Diodore, dans ces deux barrages ou fortes digues, peuvent être comparées à nos portes marinières à simples poutrelles mobiles, à ce que je pense du moins; car on ne connoissoit pas alors nos écluses à sas avec portes busquées. Diodore ajoute qu'il en coûtoit annuellement, pour la fermeture ou l'ouverture des barrages du lac, une somme de cinquante talens [c'est-à-dire, 270,000 livres de notre monnoie tournois]. Cette dépense est considérable, et feroit croire que ces barrages étoient des digues en terre que l'on construisoit tous les ans, et dans lesquelles on ouvroit des pertuis en charpente, ainsi que cela se pratique encore de nos jours pour la fermeture ou l'ouverture du *khalyg* ou canal du Kaire, dont la dépense annuelle en travaux de terrassement est très-considérable. *Voir* ce que M. Le Père en dit dans son Mémoire sur le Meqyâs ou Nilomètre de Roudah.

(2) *Notices et Extraits des manuscrits de la Bibliothèque du Roi*, tom. I.er, pag. 264.

(3) Le pas ou l'orgyie, dit Hérodote, égale six pieds ou quatre coudées naturelles : le pied étant de quatre palmes, et les coudées de six palmes, ces mesures connues donnent cinq pieds huit pouces [cent quatre-vingt-quatre centimètres] au pas ou à l'orgyie.

Le stade de cent pas doit donc égaler cinq cent soixante-six pieds huit pouces, ou cent quatre-vingt-quatre mètres huit centimètres. (Hérod. *Hist.* liv. II, §. 6 et 149.)

le bassin des lacs Amers, dont nous avons trouvé un des points du sol, de cinquante pieds inférieur au niveau des eaux de la mer Rouge.

Si l'on admet, d'après Hérodote, que la profondeur des eaux du lac étoit de quatre-vingt-douze mètres quatre centimètres [deux cent quatre-vingt-trois pieds quatre pouces] au point de l'une ou des deux pyramides du Mœris (1), on peut facilement savoir de combien son bassin est inférieur aux eaux de la Méditerranée : car, connoissant la distance du Mœris à la mer, qui est de trois cent soixante-dix-huit mille mètres, d'après M. Jomard, et la pente du fleuve dans les crues, que nous avons trouvée être de 0,000047 au mètre, on a une pente totale de dix-sept mètres soixante-dix-sept centimètres, quantité qui, retranchée de quatre-vingt-douze mètres quatre centimètres, donne sept mille quatre cent vingt-sept centimètres de profondeur au bassin de ce lac, au-dessous des eaux de la Méditerranée. On voit donc que cette profondeur peut faire admettre un bas-fond considérable en cette partie, dont le Birket-Qeroun rend probable l'existence; bas-fond d'autant plus admissible, que tous les témoignages de l'antiquité indiquent que ces parages ont fait partie de la mer.

C'est en avoir dit assez sur les dimensions et les travaux artificiels de cet ancien lac; considérons un instant sa nature, et revenons au but principal de ce Mémoire, en parlant des avantages qu'il dut procurer dans les temps anciens, et de ceux qu'il peut encore offrir à l'Égypte.

On est redevable à Paul Lucas et à M. Jomard de quelques détails sur la nature du sol qui borde le Birket-Qeroun. Les environs de ce lac, disent ces écrivains, sont peu élevés; le sol en est aride et de nature saline, recouvert de plateaux de sel, crevassés à la surface, et en quelques autres parties il est formé de limon et de sables mouvans remplis d'abîmes, où il est dangereux de s'engager. On reconnoît, à cette description conforme à ce qu'en rapportent Hérodote et Strabon, le même aspect et la même nature que présentent les abîmes des lacs Sirbonide et des Deux-Mers, situés dans l'isthme de Soueys, dont nous avons parlé plus haut. Ainsi, quoique les eaux actuelles du Qeroun proviennent du Nil, on ne doit pas être étonné que ses eaux y contractent cette qualité saline, inhérente à son sol comme à celui des lacs desséchés de l'isthme de Soueys, du *Mareotis* et autres de la Libye, pays naturellement salins, et que la mer a couverts long-temps de ses eaux, suivant l'opinion de tous les anciens.

D'après tant de témoignages historiques sur l'existence de ce lac, dont les anciens Égyptiens ont dû retirer tous les avantages que leurs historiens ont vantés dans leurs écrits, témoignages dont les souvenirs se retrouvent encore, en quelque sorte, tracés à la surface d'un sol soumis par sa nature à des changemens annuels, on jugera

(1) S'il est permis de hasarder une opinion sur l'emplacement de ces deux pyramides que l'on n'a pas retrouvées, et que l'on ne doit pas confondre avec celles qu'on voit encore au nord d'el-Lâhoun, je dirai qu'elles ont pu exister sur les deux grandes buttes aux environs de Qasr-Tafchârah [Medynet-Nemroud], situé sur le bord du lac, et où M. Martin a retrouvé des ruines considérables d'anciens monumens. On voit par cette dénomination de *Medynet-Nemroud*, qui veut dire *ville de Nemrod*, combien, même chez des peuples errans et aussi ignorans que les Arabes, la tradition conserve fidèlement des souvenirs qui appartiennent à l'histoire de la plus haute antiquité Égyptienne.

combien

combien il seroit facile aujourd'hui de rétablir ce lac avec plus d'avantages encore pour la province du Fayoum, par un système d'irrigation que l'on étendroit dans toutes les parties de la basse Égypte. Cette grande et importante opération n'est pas aussi considérable qu'on pourroit se l'imaginer; car, si nous ne l'emportons pas sur les anciens peuples de l'Égypte par l'immensité de travaux gigantesques, du moins l'emportons-nous sur eux par des moyens plus ingénieux, plus savamment combinés, et plus habilement dirigés. En effet, il ne s'agit pas, comme on aura à le faire pour la submersion du lac des Deux-Mers par les eaux du Nil, de recreuser pour le Mœris une longue dérivation du fleuve, mais seulement de rejeter une partie des eaux du Nil dans cette ancienne branche encore existante, et qui, désignée sous le nom impropre de *Bahr-Yousef*, longe la chaîne Libyque, sur une longueur de près de cinquante lieues, jusqu'à son entrée dans le Fayoum, près de Haouârah et d'el-Lâhoun. Cette longue dérivation prendroit le fleuve à une assez grande distance au sud, pour conserver à ses eaux une grande élévation aux digues éclusées que l'on auroit à faire dans la gorge du Fayoum, pour recevoir ou reverser avec abondance les eaux du fleuve, et suppléer aux inondations d'une crue trop foible, suivant les besoins de l'agriculture.

Telles seroient les premières bases de ce grand projet d'irrigation d'une province dans laquelle il importe de rétablir ce lac fameux qui, sous le règne de divers princes éclairés, en a fait pendant plusieurs siècles la richesse et la prospérité.

Le lac Qeroun nous conduit à dire ici quelque chose d'une vallée profonde qui n'en est qu'une ramification naturelle, le *Bahr-belâ-mâ*.

BAHR-BELÂ-MÂ [*Mer sans eau*].

On a vu dans l'histoire du Mœris, qu'une partie des eaux de ce lac se perdoit par des communications souterraines dans les syrtes de la Libye, derrière les montagnes de Memphis : cette assertion paroît vraisemblable; on peut présumer en effet que ces cavités existent par l'une des deux vallées profondes dont nous avons parlé plus haut, et qui, prenant naissance à la gorge du Fayoum, se portent au nord-est et au nord-ouest de cette province, qu'elles traversent et sillonnent à la manière des fleuves torrentiels : le nom que les Arabes donnent à l'une de ces vallées, celui de *Bahr-belâ-mâ*, semble confirmer le témoignage d'Hérodote à ce sujet.

On seroit naturellement porté à regarder, d'après ces notions, comme une continuation de ce *Bahr-belâ-mâ* de la province du Fayoum, la grande vallée qui, désignée sous le même nom, prend naissance, au dire des Arabes, près et au nord de cette province, vers les premières pyramides de Saqqârah, non loin de la chaîne Libyque, qui borde la vallée du Nil, et se rend dans une direction sud-est nord-ouest à cet ancien cap où se termine, à l'ouest et sur la Méditerranée, le golfe des Arabes.

Le *Bahr-belâ-mâ*, qui, suivant M. Langlès (1), doit s'entendre de la propre

(1) M. Langlès dit, dans sa traduction des Voyages de M. Hornemann dans l'intérieur de l'Afrique, que la signification de *Bahr-belâ-mâ* doit s'entendre de *mer* et non de *fleuve* sans eau (*tom. I.er, pag. 16 et 22*).

signification de son nom de *mer,* et non pas de *fleuve sans eau,* doit être regardé comme une vallée profonde, semblable à celle du Nil, que les eaux de ce fleuve, et, à n'en pas douter, celles de la mer, ont pu occuper dans des siècles antérieurs à nos annales. C'est l'opinion que l'on doit en avoir d'après Hérodote et Strabon, et, parmi les modernes, d'après le P. Sicard, qui dit avoir trouvé dans cette vallée des traces non équivoques d'un grand fleuve desséché. Si le récit de ce missionnaire pouvoit encore être soupçonné d'exagération, on retrouveroit le même sentiment dans le rapport que nous en a transmis M. le général Andréossy, qui a reconnu quelques points de cette vallée en décembre 1798. Faute de données plus étendues sur cette partie des déserts de la Libye que je devois visiter avec M. le général de division Menou, et dont je n'ai pu entrevoir les hauteurs, d'une part, que du couvent des Syriens situé à l'ouest des lacs de Natroun, et, de l'autre, vers le cap Plinthinites, à l'ouest du golfe des Arabes sur la Méditerranée, partie qui reste encore à être reconnue avec soin, je passerai à l'histoire d'une autre vallée qui, adjacente à l'est du Bahr-belâ-mâ, doit trouver place ici et terminer la description des lacs qui bornent à l'ouest comme à l'est les déserts contigus à l'Égypte inférieure.

9.° SEBAKAT NATROUN. *Lacs de Natroun.*

UNE vallée adjacente à l'est du Bahr-belâ-mâ, mais moins dessinée qu'elle, renferme, dans sa partie centrale et la plus basse, quelques lagunes qui prennent leur dénomination d'une substance salino-pierreuse qu'elles produisent, celle de *lacs de Natroun.* Sa direction nord-nord-ouest court parallèlement à la branche occidentale du Nil, dont elle est distante de dix à douze heures de marche à l'ouest. Cette vallée prend naissance entre les pyramides de Saqqârah et de Gyzeh, et vient se terminer sur les confins de la province de Bahyreh au sud de *Marea,* capitale de l'ancienne Maréotite.

Les lacs de Natroun sont situés entre les parallèles des villages de Myt-Salameh et de Terrâneh sur le Nil, à une distance de douze heures de marche, à l'ouest de Terrâneh; ce qui, à quatre mille mètres de marche à l'heure, donne quarante-huit mille mètres de distance de ce village (1).

On doit penser que le fond de ces lacs est inférieur au lit du Nil et même au niveau de la Méditerranée : on est encore fondé à croire que les eaux du fleuve y sont conduites par infiltration, en chariant avec elles les substances salino-pierreuses qu'elles dissolvent dans le sol qu'elles parcourent, et qui servent à former et à entretenir dans ces fosses naturelles le natroun que les arts ont su, dans tous les temps, approprier à nos besoins industriels. Hérodote dit à ce sujet (2) : « Le » Nil, dans ses grandes crues, inonde non-seulement le Delta, mais encore des » endroits qu'on dit appartenir à la Libye, ainsi que quelques cantons de l'Arabie,

(1) M. Brown, voyageur Anglais, place Terrâneh, village et port sur le Nil, où l'on transporte les produits de l'exploitation annuelle du natroun, par le trentième degré vingt-quatre minutes de latitude nord. Ce voyageur compte trente-cinq milles anglais de ce village au couvent de Saint-George.

(2) Hérod. *Hist.* liv. II, §. 19.

» et se répand, de l'un et de l'autre côté, l'espace de deux journées de chemin, plus ou moins. » Pline vient à l'appui de cette assertion, quand il dit que les eaux du Nil agissent dans les salines de Nitrie (1).

C'est avec peu de fondement, suivant moi, qu'un de nos plus modernes voyageurs, M. Sonnini (2), rejette et combat l'opinion du naturaliste Latin, que M. le général Andréossy adopte et développe dans son Mémoire sur les lacs de Natroun (3). « Il semble (dit ce général, qui visita ces lacs vers la fin de dé- » cembre 1798) que les lacs de cette vallée reçoivent les eaux du Nil par des » communications souterraines; car on trouve des sources d'eau douce sur toute » l'étendue des bords de ces lacs salins, et l'on remarque encore que la hausse et » la baisse des eaux de ces lacs arrivent tous les ans à une époque déterminée, » qui a quelque rapport avec la crue du fleuve : pendant trois mois de l'année, » l'eau douce coule à la surface du terrain par la rive droite de ces lacs, dont les » eaux croissent après le terme de l'inondation jusqu'en pluviôse (qui répond au » mois de février), c'est-à-dire durant quatre mois entiers, et décroissent après » cette époque. »

J'ai visité ces mêmes lacs au mois de juillet 1799 (4); j'ai bu des eaux douces aux mêmes sources, et j'ai appris des Arabes les mêmes dires dont parle ce général. Ainsi, partageant l'opinion de Pline, je réfuterai celle que, contradictoirement, a émise et motivée M. Sonnini. Voici le passage de ce naturaliste Français:

« Si Pline, dit M. Sonnini, en écrivant que le Nil agit dans les salines de Nitrie » comme la mer dans celles du sel ordinaire, a entendu que l'inondation du fleuve » parvenoit jusqu'aux lacs, il s'est assurément trompé, ainsi que le P. Sicard l'a » remarqué (5) : mais, s'il a seulement voulu dire qu'il y a une espèce de rapport » entre le Nil et ces lacs, alors il n'a fait qu'indiquer un fait singulier, mais certain, » dont le missionnaire n'a pas eu de connoissance; fait que les gens du pays ont » observé, et qu'ils attribuent mal-à-propos à une communication impossible » entre les eaux du Nil et celles des lacs de Natroun. L'accroissement des der- » nières est en raison inverse de celui des premières; en sorte que, quand le » Nil commence à déborder, les lacs diminuent au point de ne plus paroître » que comme de petits étangs, au moment où le fleuve a atteint sa plus grande » hauteur : les eaux semblent y revenir au contraire, quand celles du Nil dimi- » nuent; et elles inondent un long espace dans le vallon, lorsque celles du fleuve » sont basses. »

Il est évident que M. Sonnini ne fait pas attention au temps qu'ont à parcourir souterrainement les eaux du fleuve par la voie lente des infiltrations à travers un sol aride, brûlant et plus ou moins perméable : on en jugera parfaitement quand on saura, par exemple, que les eaux du Nil, dérivées par le canal-aqueduc d'irrigation

(1) Plin. *Hist. nat.* liv. XXXI, chap. X.

(2) Sonnini, *Voyage dans la haute et basse Égypte*, tom. II, ch. XXVII, p. 16-23, et ch. XXVIII.

(3) *Mémoire sur la vallée des lacs de Natroun*, Décade Égyptienne, *tom. II*, *pag. 93-122*; Mémoires sur l'Égypte, *tom. I*, *pag. 223*; et Description de l'Égypte, *É. M. tom. I.er*, *pag. 279-298*.

(4) Voir *le Courrier Français en Égypte*, n.os 40, 41 et 43, dans lequel est insérée une notice extraite de mon journal de voyage aux lacs de Natroun, où j'accompagnai le général de division Menou, du 27 au 30 messidor an 7 [du 15 au 18 juillet 1799]. J'aurai occasion de parler plus bas de ce voyage.

(5) *Missions du Levant*, tom. VII, pag. 61.

et de navigation tout-à-la-fois, celui de Rahmânyeh à Alexandrie, mettent, année commune, quinze, vingt et vingt-cinq jours pour arriver de ce village en ce port, par un canal à ciel ouvert de vingt lieues de longueur. Ce fait (1), observé par nos ingénieurs pendant trois années consécutives, ne peut être révoqué en doute; on ne doit donc pas s'étonner que les eaux du même fleuve mettent le triple et le quadruple même de temps à traverser par infiltration et imbibition le sol d'un désert aride et qui les absorbe avec avidité, dans une longueur moindre de moitié que celle de ce canal à ciel ouvert. Quant à moi, non-seulement je pense que les eaux des parties latérales du fleuve peuvent alimenter les sources du sol salin des lacs de Natroun, mais encore que les eaux peuvent y être amenées par les communications souterraines du lac Qeroun : si je n'ai pas de données certaines à cet égard, on a vu que je ne manquois pas d'opinions prises des anciens, ni d'inductions plausibles, quand Hérodote parle d'ailleurs de ce fait. Combien ne connoît-on pas en effet en France de ruisseaux et de rivières dont les lits, disparoissant tout-à-coup par des barrages naturels de leurs vallées, reparoissent et reprennent leur cours à quelques lieues au-dessous! Je pourrois citer pour exemples des faits semblables et constatés en France; mais c'est en avoir dit assez sur ce sujet.

D'Anville, dans sa carte de l'*Ægyptus antiqua*, ne porte que deux lacs qu'il désigne sous le nom de *Nitri fodinæ duæ*, les deux mines de nitre. Cependant M. le général Andréossy en a reconnu six sur une étendue de six lieues sud-est, nord-ouest, et sur une largeur de quatre cents à quatre cent cinquante toises au plus; les Arabes en comptent un septième : mais il est à présumer que ces lacs ont pu et peuvent, par leur réunion, se réduire à un ou deux, suivant la plus ou moins grande abondance des eaux de pluie ou d'infiltration du Nil; car les eaux de pluie, quoique très-rares en Égypte, le sont beaucoup moins sur les côtes maritimes, où elles entretiennent constamment une humidité saline dans les bas-fonds qui y existent.

On trouve dans la vallée et au sud des lacs de Natroun quelques couvens Qobtes, Grecs et Syriens; on en compte encore quatre, restes d'un plus grand nombre d'autres qui y existèrent dans les premiers siècles du christianisme. La population y étoit déjà si grande à ces époques, que ce canton formoit une province qui a été connue sous le nom de *Nitrite*. Dans quelques bas-fonds qui environnent ces couvens, on trouve encore des eaux douces, en fouillant les sables à un mètre plus ou moins de profondeur. Ces contrées, aujourd'hui presque entièrement désertes, quoique très-susceptibles de culture, peuvent aisément rendre une province à l'Égypte, ainsi qu'on en jugera d'après une note insérée à la page 4 de mon Mémoire sur la partie occidentale de la Bahyreh. Mon dessein n'étant pas d'entrer dans de plus grands détails sur cette vallée et sur les couvens de ces déserts, je renvoie à la notice que j'en ai fournie au Courrier de l'Égypte, et sur-tout aux Mémoires déjà cités de M. Sonnini et de M. le général Andréossy; je me bornerai à consigner ici, en terminant l'histoire des lacs de Natroun, une anecdote propre à faire connoître la nature de ces déserts et le danger de les parcourir dans les

(1) *Voir* le Mémoire sur le canal des Deux-Mers, *sect. III*, *§. 3*.

saisons trop chaudes, et sur-tout sans les précautions convenables. On verra qu'il importe de publier cette anecdote intéressante pour ceux qui doivent voyager dans ces contrées (1). Quant aux mesures de sûreté personnelle à prendre, on peut en juger par les détails que nous a transmis M. Sonnini dans la relation circonstanciée du voyage qu'il fit à ces couvens en janvier 1778.

OBSERVATIONS GÉNÉRALES.

Nous avons vu dans l'histoire particulière que nous venons de donner des lacs de l'Égypte,

1.° Que le bassin du *Mareotis*, qui longe la côte maritime d'Alexandrie jusqu'à la Tour des Arabes, sur trente-huit à quarante mille mètres d'étendue, et qui étoit entièrement desséché en 1800, est encore évidemment resté inférieur au niveau

(1) *Voyage aux lacs de Natroun.* Dans le voyage que je fis aux lacs de Natroun, j'accompagnai, sur son invitation, M. le général de division Menou, qui, à la tête de cinq cents hommes d'infanterie, fut chargé, à l'époque du débarquement de l'armée Anglo-Turque à Abouqyr, le 26 messidor an 7 [14 juillet 1799], de battre le désert, afin de couper la retraite à Mourâd. Ce bey, de concert avec l'ennemi, qui menaçoit alors les côtes d'Abouqyr, parcouroit, avec quelques partis de Mamlouks et d'Arabes, la Bahyreh, qu'il cherchoit à soulever, mais dont il avoit su se retirer à temps. Nous éprouvâmes, dans cette expédition militaire, et à cette époque des plus fortes chaleurs de l'été, de très-grandes fatigues, et des pertes en hommes et en chevaux, comme on va le voir dans les détails suivans.

Partis, le 15 juillet 1799, d'Embabeh, village situé sur la rive gauche du Nil, célèbre par la bataille des Pyramides, nous étions, le 16 suivant, dans le désert, à la hauteur et à trois heures de marche à l'ouest d'Ouârdân, marchant sur les couvens Grecs et Syriens des lacs de Natroun, quand le manque d'eau (nous avions déjà perdu par les fatigues et la soif deux hommes, dont un Grec qui s'étoit tué de désespoir avec son fusil) força le général Menou à regagner le fleuve, où nous arrivâmes à deux heures, près et au nord de Myt-Salameh. Repartis sur les quatre heures, nous regagnâmes le désert, où nous bivouaquâmes; le lendemain, nous arrivâmes vers dix heures à Deyr-Makaryout [couvent de Saint-Macaire], après une nouvelle perte de quatre hommes, d'un cheval et d'un chameau: notre marche fut de dix heures effectives, des bords du Nil à ce couvent. Bientôt après notre arrivée, j'eus le bonheur d'y sauver la vie à trois soldats qui, la bouche écumante et dans les convulsions d'une mort violente, avoient été traînés vers le couvent, dont l'entrée avoit été interdite à la troupe. Les ayant fait mettre à l'ombre des murs, et leur ayant fait donner de l'eau fraîche à propos et avec mesure, je parvins à les rappeler à la vie, qu'un quart d'heure plus tard ils perdoient sans retour: la troupe fouilloit alors, en courant çà et là, les sables du désert, à deux et trois cents mètres du couvent, où elle trouvoit quelque peu d'eau saumâtre, capable à peine d'étancher une soif inextinguible. Il faut avoir ressenti quelques atteintes de cette fièvre cruelle, causée dans ces déserts par une soif dévorante, pour s'en faire et en exprimer l'idée. On n'a pas besoin assurément de chercher dans une tempête sur cette vaste et profonde mer de sables de la Libye, la cause de la perte de cette division de l'armée de Cambyse, qui fut engloutie dans les contrées d'Ammon: car il suffit bien du souffle brûlant des vents du khamsyn pendant un ou deux jours seulement, ou d'une marche forcée dans ces déserts privés d'eau, pour y faire périr une armée. Le 19 juillet, après quinze heures de marche effective de Deyr-Saydeh [couvent des Syriens], nous regagnâmes par le nord-est le Nil à Ouagit, et, dans ce trajet, nous perdîmes encore deux hommes à une heure de marche seulement à l'ouest de ce fleuve. C'est sur ces indications que le colonel du corps des ingénieurs-géographes, M. Jacotin, a porté sur la grande carte d'Égypte les traces de cette pénible marche que le général eut à supporter avec le soldat; car cette expédition fut si précipitée, que nous n'eûmes pas le temps de prendre ni les tentes, ni aucune des provisions nécessaires. Quant à moi, après sept jours de notre marche, dont quatre dans le désert, je rejoignis à Abouqyr le général Menou, qui avoit pris le commandement du siége de ce fort: après sa reddition, je revins à Rosette, où j'éprouvai une indisposition grave avec tous les symptômes qui caractérisent la peste, mais dont une excessive transpiration que je me donnai par une marche forcée, me sauva heureusement. De retour au Kaire un mois après, je fus attaqué d'une ophtalmie qui, pendant douze jours, me priva totalement de la vue, que je ne recouvrai que six semaines après. Beaucoup d'autres personnes éprouvèrent de fortes indispositions de ce voyage. Mon cheval et deux autres du général en restèrent quinze à vingt jours malades, au point qu'on eut peine à les faire suivre en lesse, le dernier jour de notre marche d'Ouagit sur Rahmânyeh. J'ai eu lieu d'observer et de me convaincre que la cause des accidens que j'éprouvai particulièrement, est due, indépendamment des fatigues, à l'effet d'une différence trop sensible au corps entre la grande chaleur des jours, qui est de trente-deux à trente-cinq degrés, et l'extrême fraîcheur des nuits au sein de ces déserts, quand on n'a pas la précaution de se bien couvrir de nuit; car une suppression de transpiration est en Égypte, comme dans tous les pays chauds, une des premières causes des maladies inhérentes à leurs climats.

de la mer, puisque, par suite d'une opération désastreuse, les eaux salées qui en recouvrent aujourd'hui toute l'étendue, y ont pris, sur divers points, sept, huit et peut-être jusqu'à dix mètres de profondeur;

2.° Que les lacs Ma'dyeh, d'Edkoû, de Bourlos et de Menzaleh, qui embrassent le reste de la côte maritime de l'ancien Delta, et qui tous communiquent immédiatement par une ou plusieurs bouches à la mer, ont évidemment le fond de leur bassin inférieur à la mer, puisque les eaux saumâtres de ces lacs, en diminuant avec le Nil, reprennent toute la salure des eaux de mer, qui y affluent et s'y élèvent plus ou moins, suivant la force et la direction des vents du large;

3.° Que le lac Sirbonide, qui longe la côte du cap Straky au cap Kaçaroun, recouvert d'une croûte saline, renferme, ainsi que les lagunes adjacentes à l'ouest, vers Tyneh, les mêmes abîmes qui y existoient il y a deux mille ans;

4.° Que le Birket el-Balah, qui communique au nord avec le Menzaleh, et qui s'étend jusqu'au Râs el-Moyeh, vers le centre de l'isthme de Soueys, est encore évidemment inférieur au niveau de la Méditerranée, puisqu'il n'est, à proprement parler, qu'un épanchement des eaux douces ou salées du Menzaleh, suivant ses divers états, par le *qantarah* ou pont qui l'en sépare sur la route d'Égypte en Syrie par Sâlehyeh;

5.° Que pour tout observateur qui parcourra l'isthme de Soueys d'une mer à l'autre, sur la ligne des opérations des ingénieurs Français, l'abaissement du sol des lacs Amers au-dessous de la mer Rouge sera une chose sensible et frappante, quand d'ailleurs le résultat de leurs opérations se trouve conforme à celui des ingénieurs de Darius, aux traditions, ainsi qu'aux témoignages historiques des écrivains anciens et modernes;

6.° Que le *Mœris*, dont le Birket-Qeroun n'est plus que la cunette ou la partie la plus basse de cet ancien lac, offre aussi sensiblement l'étendue d'un immense bas-fond dont la profondeur, que nulle opération des modernes n'a vérifiée, peut très-bien être celle indiquée par Hérodote, ayant *cinquante orgyies* [quatre-vingt-douze mètres] au-dessous des plus hautes eaux de ce lac; et que si, en effet, cette profondeur n'étoit pas exacte dans l'emplacement des deux pyramides élevées par Mœris, rien ne s'oppose à ce qu'elle puisse l'être pour tout autre point, car son sol paroît être très-inférieur au lit du Nil, et, par induction, à celui de la Méditerranée;

7.° Que le sol du Bahr-belâ-mâ, dont le dessèchement, ainsi que celui de tous les autres lacs de l'Égypte qui cessent d'être alimentés par les eaux du fleuve ou de la mer, est dû sans doute aux anciens travaux de Mœris dont parle Hérodote et aux évaporations excessives dans ces déserts de sables arides et brûlans; que le sol, dis-je, de cette vallée doit également être inférieur à la Méditerranée;

8.° Enfin, que le bassin des lacs de Natroun, où l'on trouve une carrière naturelle et inépuisable de ce sel-pierre, doit indubitablement être inférieur au lit du Nil, dont les eaux qui semblent y couler souterrainement, entretiennent dans ces bas-fonds une humidité saline qui est un des principes constituans de cette substance minérale. On peut même préjuger avec quelque fondement que le sol en est également inférieur au niveau des eaux de la Méditerranée.

Si l'on vient, après cette connoissance des lacs de l'Égypte, à considérer la nature générale et particulière de ces lacs, bordés de plaines basses et stériles, où l'on trouve des sables mouvans, imprégnés d'eau saturée de sels de diverses espèces; si l'on considère enfin que la fraîcheur excessive des nuits entretient constamment dans l'atmosphère de ces lacs et des déserts qui les environnent, une humidité saline qui pénètre et agit dans tous les corps, on reconnoîtra que, conformément au sentiment des prêtres d'Égypte, rapporté et adopté par Hérodote, Strabon et tous les philosophes de l'antiquité, l'isthme de Soueys, toute la basse Égypte, ainsi que toutes les plages adjacentes à l'ouest, jusque vers l'Oasis d'Ammon dans les déserts de la Libye, appartiennent incontestablement au domaine d'une mer desséchée. Ce sentiment a été partagé par tous les voyageurs modernes qui ont visité ces contrées. Parmi ces voyageurs, on peut citer M. Hornemann, qui, en 1800, ayant traversé l'Afrique d'orient en occident par l'Oasis d'Ammon, a reconnu dans ces déserts les traces les plus sensibles d'un long séjour des eaux de la mer. Je dirai de plus, d'après l'opinion des prêtres d'Égypte et celle d'Hérodote, qu'il est présumable que la vallée du Nil, dont le sol s'exhausse constamment, du Kaire en remontant vers la Thébaïde, n'est plus aujourd'hui qu'un immense attérissement des sables vaseux du fleuve, et que les vallées du Bahar-belâ-mâ et des lacs de Natroun ont pu former anciennement des golfes semblables à ceux de la mer Rouge. Enfin j'ajouterai que, regardant en général les déserts de la Libye et de l'Afrique comme appartenant au sol d'une mer desséchée, les Oasis, ces espèces d'îles cultivées ou cultivables que l'on trouve dispersées sur l'immensité de cette mer de sables, ne sont que des bas-fonds, tels qu'il en existe dans le sein des mers, et dont le sol est encore en partie inférieur au niveau actuel des eaux de la Méditerranée.

Il ne m'appartient pas d'assigner une cause à la révolution physique qui a pu changer ainsi la surface de tant de contrées. Je ne prétendrai donc pas trouver cette cause secondaire, plutôt dans l'effet de ce flux et reflux extraordinaires, qui, d'après l'Exode, d'accord avec la tradition qui s'en est conservée, au rapport de Diodore (1), chez les Ichthyophages, peuples des côtes de la mer Rouge, auroit mis à sec une grande partie de cette mer, que dans un abaissement instantané des eaux de la Méditerranée par la rupture du détroit des Colonnes d'Hercule, aujourd'hui de Gibraltar (2), ni enfin que dans la retraite précipitée des eaux après l'époque de cette catastrophe générale, où le globe que nous habitons a dû rouler, durant des siècles, sous l'enveloppe des eaux d'une mer sans bornes, catastrophe dont les plaines ainsi que les entrailles les plus profondes et les montagnes les plus élevées de la terre portent des traces ineffaçables. C'est en vain que l'esprit justement

(1) *Exod.* cap. XIV, v. 21, et *Psalm.* CXIII, et Diod. *Bibl. hist.* lib. III, §. 40.

(2) Parmi toutes ces traditions ou hypothèses, celle de l'abaissement instantané des eaux de la Méditerranée par la rupture du détroit des Colonnes, dont il est parlé dans la Géographie de Strabon, comme une ancienne tradition, nous paroît la plus admissible, comme elle est la plus vraisemblable. Ainsi, admettant que la Méditerranée a recouvert anciennement la plus grande partie des déserts de la Libye et de l'Afrique, ses eaux, en s'abaissant d'une hauteur quelconque par la rupture naturelle ou artificielle du détroit de Gibraltar, auront mis à découvert l'immensité de ces plages, dont le desséchement les aura transformées en une mer de sables stériles et brûlans. *Voir* Strabon, *Géogr.* liv. I, tom. I.er de la traduct. Franç.; et Pline, *Hist. nat.* liv. VI, chap. I.

inquiet de l'homme se tourmente en hypothèses plus ou moins ingénieuses, plus ou moins vraisemblables, sur les causes de ces grandes révolutions; les causes et les époques de ces épouvantables événemens qui nous menacent de leur cours, périodique peut-être, nous sont inconnues, et restent à jamais ensevelies dans la nuit éternelle des temps.

Pour revenir au but de ce Mémoire, je terminerai en donnant ici le tableau résumé de l'étendue superficielle des lacs maritimes de l'Égypte inférieure, en comparant cette étendue à celle de l'ancien et du nouveau Delta.

TABLEAU SOMMAIRE

DES SURFACES COMPARÉES

DES LACS DE L'ÉGYPTE INFÉRIEURE (1).

DÉNOMINATIONS MODERNES ET ANCIENNES DES LACS.	SURFACES EN HECTARES.
1.° Boheyreh Maryout.....*Mareotis lacus*....	85,784.
2.° ——— Ma'dyeh.....Lac Ma'dyeh....	13,832.
3.° ——— Edkoû......Lac d'Edkoû....	33,772.
4.° ——— Borollos.....Lac Bourlos....	112,860.
5.° ——— Menzaleh....Lac Menzaleh....	183,844.
Birket el-Balah........Étang des Dattes....	13,028.
TOTAL....	443,120.
6.° Sebakat Bardoual.....*Sirbonis lacus*....	
7.° Lacs des Deux-Mers...*Lacus Amari*....	
8.° Birket Qeroun.......*Mœris*....	
Bahr-belâ-mâ.........Mer sans eau....	
9.° Sebakat Natroun......*Nitri fodinæ*, lacs de Natroun....	

On voit que si, de cette surface de quatre cent quarante-trois mille cent vingt hectares, l'on venoit, à l'imitation des peuples de la Hollande, pays dont le sol, généralement plus bas de trois à quatre mètres que le niveau de l'Océan, offre un exemple admirable de l'industrie humaine, à en rendre la moitié ou le tiers seulement à l'agriculture par le desséchement de toutes ces lagunes infectes, source de toute espèce de maladies épidémiques et endémiques dans les pays chauds, l'Égypte, en augmentant et assainissant tout-à-la-fois le territoire de ses provinces maritimes,

(1) La surface calculée partiellement pour les lacs n.os 1, 2, 3, 4 et 5, a été relevée sur la nouvelle carte de l'Égypte, dresséeau Dépôt de la guerre, à l'échelle d'un décimètre pour dix mille mètres, ou 0,0001 de la nature. On n'a pas cru devoir donner les surfaces des lacs salins n.os 6, 7, 8 et 9, parce qu'on n'en connoît pas assez les dimensions, et que le sol n'est d'ailleurs pas susceptible d'être mis en culture par son desséchement.

maritimes, décupleroit bientôt les intérêts des avances qu'elle pourroit faire à des compagnies de commerce et d'agriculture qui rechercheroient les travaux de cette grande entreprise.

De tous les travaux qu'un Gouvernement sage et éclairé puisse faire pour le plus grand avantage de cette contrée, ceux qui auront pour but son irrigation et son desséchement, doivent fixer en Égypte ses premiers regards et faire constamment l'objet de toute sa sollicitude : car les canaux et leurs digues n'y sont, à proprement parler, que les artères de sa grande veine fluviale; et sans eux l'Égypte, cessant d'être vivifiée dans toutes ses parties, n'est plus qu'un corps que la masse des eaux de son fleuve inonde avec surabondance et fait périr de plénitude. L'entretien annuel des digues et des canaux est donc la base fondamentale de l'existence physique de cette contrée. Si l'histoire Égyptienne ne nous parloit pas avec admiration, je ne dirai pas de ces travaux gigantesques qui semblent accuser encore de nos jours l'orgueil et la tyrannie de quelques-uns de ses princes, mais de ces immenses et utiles travaux qui ne tendoient qu'à l'agrandissement, à l'assainissement comme à la prospérité de cette terre antique et sacrée, on en retrouveroit encore quelques souvenirs écrits à la surface de son sol. Quelqu'affligeans que soient ces souvenirs, ils attestent du moins que l'Égypte peut redevenir ce qu'elle fut sous les règnes de ces princes bienfaisans. Quand on parcourt en effet la basse Égypte, dont le sol est incontestablement *un don du fleuve*, suivant l'expression propre d'Hérodote, on cherche en vain le cours de ces deux branches principales du fleuve qui formoient les côtés de son ancien Delta. Au lieu de ces anciennes plaines cultivées et fertiles, on ne trouve plus çà et là que des canaux comblés ou entrecoupés, et dont les nombreuses ramifications qui se croisent en tout sens, n'offrent plus que les traces à peine reconnoissables d'un système d'irrigation; au lieu de ces bourgades et de ces villes populeuses qui y existoient, on n'aperçoit plus que des hauteurs de décombres nues et arides, restes d'anciennes habitations réduites en cendres; on n'y trouve plus enfin que des lagunes fangeuses et infectes, ou que des sables stériles qui s'étendent et envahissent sans cesse une terre que l'industrie des hommes avoit conquise sur des déserts et sur la mer. Que l'on jette les yeux sur la nouvelle carte de l'Égypte, et l'on n'aura qu'une foible idée de la situation affligeante de cette malheureuse contrée. C'est pour en juger avec plus de précision que nous terminons ce tableau par le parallèle des surfaces de l'ancien et du nouveau Delta.

Hérodote nous a donné la base maritime de l'ancien Delta, qu'il établit du lac Sirbonide près le *Casius mons*, jusqu'à Taposiris, à l'ouest, sur le golfe Plinthinites; il porte cette base à trois mille six cents stades, équivalens à trois cent cinquante-trois mille six cent vingt-huit mètres, au petit stade Égyptien de quatre-vingt-dix-huit mètres vingt-trois centimètres (1). Mais, réduisant cette base à celle qui est comprise entre les ruines de Péluse et la Tour des Arabes, on trouve encore cette distance, mesurée suivant la courbure de la côte, sur la nouvelle carte annexée à

(1) Le stade désigné par Hérodote est de soixante au schœne, mesure usitée des Égyptiens, ainsi que le dit cet historien, et qui équivaut à deux parasanges. Or le schœne, qui égale quatre milles Romains, est de trois mille vingt-quatre toises; ce qui porte le stade Égyptien à quatre-vingt-dix-huit mètres vingt-trois centimètres [cinquante toises deux pieds quatre pouces neuf lignes]. *Voir* la traduction d'Hérodote par M. Larcher, *liv. II, §. 6 et 9.*

ce Mémoire, comme à celui sur le canal des Deux-Mers, de trois cent cinquante mille mètres environ.

Quant aux deux autres côtés du Delta, nous prendrons la distance directe du Meqyâs ou Nilomètre situé à la pointe sud de l'île de Roudah, dont le site répond à la Fostât des Arabes ou à la Babylone d'Égypte, jusqu'aux ruines de Péluse à l'est, et à la Tour des Arabes à l'ouest, pour le grand Delta. Nous reporterons ces côtés, pour le petit Delta, aux deux villes maritimes des deux grandes branches du Nil, celles de Damiette et de Rosette; et considérant ces deux surfaces triangulaires comme appartenant au secteur d'un même cercle dont les deux côtés, dans l'une et l'autre, sont des rayons de ce même cercle, nous aurons les dimensions et les résultats suivans :

INDICATIONS.	DIMENSIONS MÉTRIQUES.		
	Bases maritimes.	Cotés des *Delta*.	
DIMENSIONS DES *DELTA*... ancien	320,000m	170,000m	
DIMENSIONS DES *DELTA*... moderne	135,000.	170,000.	
	hectares.	ares.	centiares.
D'après ces dimensions, l'on trouve que la surface métrique de l'ancien Delta est de (1)	2,727,583.	63.	36.
Dont on doit déduire la surface triangulaire de toute la partie à l'ouest des déserts (celle des lacs de Natroun) : la base de ce triangle étant de cent quatre-vingt-dix-huit mille mètres sur une flèche de quarante mille mètres, on a	396,000.	00.	00.
Premier reste en surface de l'ancien Delta	2,331,583.	63.	36.
Dont on doit déduire la surface du nouveau Delta, portée à	1,147,549.	40.	00.
Reste en surface perdue de l'ancien Delta	1,184,034.	23.	36.

On voit, par ce résultat, que l'ancien Delta a perdu plus de la moitié de sa

(1) Quoique le côté occidental du grand Delta soit de cent quatre-vingt-dix-huit mille mètres, on ne compte que cent soixante-dix mille mètres, à cause des parties excédantes du désert, dont on a cru devoir cependant faire une estimation pour être portée en déduction.

La distance précise du Meqyâs aux ruines de Péluse, relevée sur la carte, se trouve être de cent soixante-huit mille mètres; on l'a portée à cent soixante-dix mille, par rapport aux petites différences en plus, existantes sur les deux autres côtés du petit Delta, se terminant à Damiette et à Rosette. La carte donne cent cinquante-un mille cinq cents mètres des ruines d'*Heliopolis* à celles de Péluse : cette distance diffère de celle qu'Hérodote dit être précisément de quinze cents stades, qui, au stade de quatre-vingt-dix-huit mètres vingt-trois centimètres [cinquante-une toises], donnent cent quarante-sept mille trois cent quarante-cinq mètres. Cette différence seroit de quatre mille cent cinquante-cinq mètres, c'est-à-dire, de quarante-deux stades un tiers.

surface, dont encore un cinquième environ est couvert des eaux des lacs *Mareotis*, Ma'dyeh, Edkoû, Bourlos et Menzaleh, funestes effets de l'insouciance des dominateurs ou plutôt des spoliateurs de cette malheureuse contrée.

J'ai parlé, dans ce Mémoire, des grands travaux d'irrigation et de desséchement qui ont, pour ainsi dire, tiré l'Égypte du sein de la mer, et l'ont élevée, sous les règnes de ses Pharaons, au plus haut degré de prospérité: il ne me reste plus qu'à exprimer les vœux qu'on doit généralement former pour la reprise et l'exécution de ces travaux, que les ravages des hommes, plus encore que ceux des temps, ont entièrement anéantis. Mais comment en concevoir l'espérance, tant que le Gouvernement de l'empire Ottoman dédaignera la prospérité de ses provinces lointaines, et que, constant dans sa politique si étrangère à celle de l'Europe, il condamnera à des siècles d'ignorance un pays qui, après avoir été le berceau des arts et des sciences et le centre du commerce du monde, reste aujourd'hui obscurément soumis à la domination oppressive des Mamlouks! Plaignons les peuples de cette antique et intéressante contrée d'être encore l'objet de l'insatiable cupidité de cette orgueilleuse milice, qui, divisée d'intérêts comme elle l'est en diverses cohortes, indépendantes par leur organisation purement militaire, est, par cela même, naturellement ennemie de toutes ces vues sages et conservatrices qui sont aujourd'hui la base des Gouvernemens monarchiques de l'Europe.

A PARIS, DE L'IMPRIMERIE ROYALE.
Juin 1819.

www.ingramcontent.com/pod-product-compliance
Lightning Source LLC
LaVergne TN
LVHW020248230826
846091LV00006B/2307